D1347400

LA
VOIE
DES
BEATLES

*Leçons de sagesse et de succès
au quotidien*

Données de catalogage avant publication (Canada)

Lange, Larry

Le secret des Beatles: leçons de sagesse et de succès au quotidien

Traduction de: The Beatles way.
Comprend des réf. bibliogr.

ISBN 2-89436-150-5

1. Morale pratique. 2. Beatles – Miscellanées. 3. Succès – Aspect psychologique. 4. Réalisation de soi. I. Titre.

BF37.C5L2014 2005   158.1   C2005-941820-6

L'édition originale de cet ouvrage a été publiée sous le titre: The Beatles way, fab wisdom for everyday, par la maison Beyond Words Publishing inc., Hillsboro, Oregon.

Tous droits réservés.

Copyright © 2001 Larry Lange

Nous reconnaissons l'aide financière du Gouvernement du Canada par l'entremise du programme d'aide au développement de l'industrie de l'édition (PADIÉ) pour nos activités d'édition.

Nous remercions la Société de Développement des Entreprises Culturelles du Québec (SODEC) pour son appui à notre programme de publication.

Révision linguistique:
  Jocelyne Vézina et Amélie Lapierre

Infographie:
  Caron & Gosselin

Traduction:
  Denis Bernier

Mise en pages:
  Composition Monika, Québec

Photo en page couverture:
  Apple Corps/Camera Press/Retna

Éditeur:
  Éditions Le Dauphin Blanc
  C.P. 55, Loretteville, Qc, G2B 3W6
  Tél.: (418) 845-4045 – Fax (418) 845-1933
  Courriel: *dauphin@mediom.qc.ca*

ISBN 2-89436-150-5

Dépôt légal:
  3ᵉ trimestre 2005
  Bibliothèque nationale du Québec
  Bibliothèque nationale du Canada

Imprimé au Canada

Larry Lange

LA
VOIE
DES
BEATLES

Leçons de sagesse et de succès au quotidien

Traduit de l'anglais par
Denis Bernier

Préface de
Gilles Valiquette

Le Dauphin Blanc

À Josh et Naomi,
vous qui êtes l'autre moitié
de mon cœur.

REMERCIEMENTS

*C*omme tout livre, j'imagine, celui-ci exigea plusieurs mois d'écriture – précédés de toute une vie. *Fan* des Beatles de la première génération, je n'ai pas été obsédé que par leur excellente musique au fil des quarante dernières années. J'ai vite réalisé aussi combien les *Fab Four* étaient *cool*, et plus tard, combien ils étaient courageux, aventureux, osant même être très spirituels. Un moment exaltant dans ma vie – parmi tant d'autres reliés aux Beatles – survint il y a quelques années lorsque celui qui allait devenir mon maître hindou (de qui je n'avais pas encore fait la connaissance) entra dans la salle de conférences: robe flottante, peau basanée lustrée, barbe et longs cheveux gris volant derrière lui. Il ressemblait *vraiment* à Maharishi, le gourou des *Fab Four*; j'ai aussitôt pensé: « Enfin, me voici officiellement un *Beatle!* »

Je voudrais exprimer ici ma gratitude à tous ceux qui ont rendu *fab* ma vie – et fait de ce livre une réalité. D'abord, à ma mère, Edith Price Lange, la plus forte, la plus affectueuse et la plus spirituelle des personnes que j'aie rencontrées. Merci, maman, de m'avoir joué *She Loves You* sur ton tourne-disque pour 45 tours, de m'avoir laissé veiller et regarder les *Fab Four* à *Ed Sullivan* et de m'avoir accompagné au cinéma pour *A Hard Day's Night*. Tu *savais*. Merci aussi de m'avoir emmené au spectacle des Jefferson Airplane en 1968. J'ai compris que la paix et l'amour apportent vraiment une solution à tout.

Merci, papa. Même si tu as quitté ce plan d'existence, ton amour et tes encouragements inconditionnels sont toujours là et le seront constamment. Merci à mon frère David qui vivait à fond. Tu continues de m'inspirer grâce à ton enthousiasme pour la vie.

Merci à Ramtha et JZ Knight, les maîtres qui ont donné un sens à ma vie. Merci à la vie! Merci à Greg Simmons, maître incomparable qui m'a fait connaître les éditions Beyond Words.

Merci, Larry Ether, toi mon meilleur ami, inconditionnellement. Merci, Eilene Tarro, nous serons toujours partenaires, quoi qu'il arrive. À Dale Anderson, inlassable enthousiaste qui ne me laisse jamais oublier ma valeur, mon potentiel, merci. Je ne te laisserai jamais oublier ce que tu vaux toi-même.

Merci à John Barilla, l'amour en personne. Je suis impatient de voir tes propres rêves d'écriture, entre autres, devenir réalité. Merci à Steve Erdman. Les vrais génies sont rares, mais tu en es un, et j'espère que le reste du monde le découvrira aussi un jour. Merci à Peter Krass, toi dont l'intelligence remarquable et le cœur affectueux frappent tous ceux qui t'entourent. Merci d'avoir cru en moi.

À Sean Hawley, Gene Rogers, Rocky Martino, Steve Langevin, Susan Emory et Lisa Berzolla, merci de m'avoir accepté. Je souhaite sincèrement que vous viviez tous chaque rêve que vous choisirez de réaliser.

Merci aux belles âmes de Beyond Words, Cindy Black et Richard Cohn entre autres. Vous avez suivi votre intuition pour me publier; je vous en remercie humblement. Votre travail a touché des milliers, peut-être des millions de personnes à travers le monde. Votre vision de permettre aux gens de vivre leur plein potentiel est une mission à laquelle tous devraient aspirer.

Merci à Laura Carlsmith, mon impressionnante éditrice qui a donné vie à ce livre. Félicitations à Joy Collman, à Julie Steigerwaldt, à Karolyn Nearing, à Sylvia Hayes, à Dorral Lukas et à Marvin Moore pour tous vos efforts. Sans oublier Greg Tozian, dont le travail de révision initiale me défia de réaliser un superlivre.

Merci enfin aux Beatles : John, Paul, George et Ringo. Ce livre est une lettre d'amour que je vous adresse.

PRÉFACE
(édition québécoise)

*L*es Beatles ont piqué ma curiosité quand, au premier vendredi soir de l'an 1964, ma mère m'a incité à visionner un clip diffusé au cours de l'émission de télévision The Jack Paar Show. L'extrait était court, excitant, et bien que je n'avais pas très bien saisi ce qu'il en était, j'ai compris qu'un train était sur le point de passer et que je ne voulais pas le rater. Je me suis rapidement éduqué et un mois plus tard, j'étais mûr pour leur fameuse prestation au Ed Sullivan Show diffusé sur les ondes de la Canadian Broadcasting Corporation (CBC), le *canal 6* chez nous.

Une fois la connexion établie, j'ai non seulement découvert un langage et une attitude qui neutralisaient mes insécurités d'adolescent, mais également le dénominateur commun d'une génération entière. Encore aujourd'hui, quand je parcoure la planète pour des raisons professionnelles, je suis surpris de voir que la plupart des citoyens de ce monde ont quelque chose à dire au sujet des Beatles. Il est étonnant de voir comment une multitude d'expériences si personnelles peuvent être à la fois si universelles.

En surface, l'œuvre des Beatles est un dictionnaire de la musique pop en général et un Larousse de la guitare en particulier. Pour ceux qui s'intéressent à ces sujets, c'est une collection incontournable. Mais au-delà de ces évidences, on sait aujourd'hui qu'un tel catalogue offre beaucoup plus.

Déjà à l'automne 1969, nous avions pu entrevoir une telle réalité. À cette époque, quelques étudiants américains, entraînés par la famine médiatique de la radio à l'égard des Beatles, avaient concocté une théorie voulant que Paul McCartney soit décédé en 1966, que le groupe et leurs associés auraient souhaité étouffer l'affaire pour des raisons professionnelles et, finalement, qu'un pacte avec le diable aurait été conclu à cet effet. Afin de rendre hommage à ce *Beatle supposément* disparu, les membres du groupe auraient saupoudré des indices sur les pochettes et les trames sonores de leurs disques en guise de rituel.

Bien entendu, ce n'était que pure fantaisie, mais l'exercice a néanmoins démontré que le répertoire des Beatles était à ce point riche qu'on pouvait lui faire dire n'importe quoi.

La vérité se situe probablement entre la vie éphémère d'un succès sur disque et l'imagination fertile de certains individus sous influence. Il est certain que notre génération a trouvé chez les Beatles beaucoup plus qu'un simple divertissement. De plus en plus d'ouvrages contemporains explorent l'univers du groupe dans ce sens.

La Voie des Beatles est une exploration intéressante suivant cette lancée. Le livre articule des valeurs que nous avions à peine saisies à l'époque et nous fait voir l'héritage des Beatles sous un éclairage fort différent.

J'espère que cette lecture vous aidera à comprendre certaines choses que des gens comme moi n'ont jamais pu expliquer.

Gilles Valiquette
auteur-compositeur

INTRODUCTION

*Le mode de vie des **Beatles**, c'était comme un gamin qui entrait dans le grand monde avec ses amis pour le conquérir d'un bout à l'autre. Et c'était extraordinaire. Une expérience incroyable.*

Paul McCartney

*L*es Beatles comme guides de croissance personnelle? Sans hésiter, je dis: « *Yeah! Yeah! Yeah!* »

Plus de trente ans après la séparation du groupe, la musique des Beatles occupe toujours une place très importante dans la vie de beaucoup de gens partout autour du monde. Prenons la peine de regarder d'un peu plus près le succès phénoménal des Beatles – et comment celui-ci peut vous aider à réaliser vos rêves, à améliorer votre travail, votre milieu familial, à favoriser votre quête personnelle, votre paix intérieure et votre joie pure et absolue.

Si jamais quatre personnes ont rigoureusement adhéré au succès – par leurs propres moyens – selon les principes mis en pratique par Anthony Robbins, Stephen Covey, Wayne Dyer, Marianne Williamson, ou Deepak Chopra, ce sont certainement les quatre célèbres garçons de Liverpool – John Lennon, Paul McCartney, George Harrison et Ringo Starr.

Bien que les quatre Beatles aient toujours affirmé qu'ils n'avaient jamais suivi, du moins consciemment, un plan quelconque pour atteindre leur but, il nous est quand même possible, par l'étude des nombreux documents qui relatent leur ascension vers le succès, de comprendre comment les Beatles ont pu réaliser leurs rêves les plus fous et même ceux qu'ils n'auraient jamais pu prévoir ou imaginer. Vous verrez dans ce livre comment cette sagesse peut être expliquée selon sept principes bien précis, aussi faciles à comprendre qu'à mettre en pratique dans votre vie. Et vous apprendrez à les appliquer *consciemment* dans votre quotidien afin que vos rêves puissent, comme ceux des Beatles, devenir réalité.

LES SEPT PRINCIPES DE LA SAGESSE *FAB*

In My Life
(*Rubber Soul*, 1965)

En tant qu'inconditionnel des Beatles, je suis assez vieux pour les avoir vus chanter au *Ed Sullivan Show* en 1964, mais je suis encore assez jeune pour me réjouir quand *She Loves You* joue de temps à autre à la radio. De plus, j'ai acquis une certaine expérience *beatlesque* alors que j'étais auteur-compositeur pour un important éditeur de musique. J'ai aussi œuvré comme journaliste pendant plusieurs années à couvrir les succès et les échecs de corporations à la merci des toutes nouvelles technologies. Ce triple rôle de *fan*, de collègue et de critique me donne un certain avantage pour traduire en langage simple et concis les lois naturelles qui ont régi le succès des Beatles.

Je qualifie de *fab* ces sept principes de sagesse parce que les Beatles eux-mêmes étaient connus comme les *Fab Four*, les quatre fabuleux garçons. Ils nous ont laissé plus qu'un héritage musical et cinématographique exceptionnel, ils sont devenus un modèle de liberté, dégagée de toute convention et inhibition, une liberté que définit bien cette simple expression typique des gens de Liverpool : *fab !*

La voie des Beatles, c'est d'être créatif, unique, distingué, intelligent, intrépide, amusant, audacieux, inventif, pertinent, doué, ouvert et honnête sans perdre de vue ses rêves les plus chers.

Que vous désiriez créer votre propre entreprise, réaliser un rêve personnel ou même suggérer à vos enfants un mode de vie créatif et stimulant, les leçons de sagesse des Beatles sauront certes vous éclairer.

La voie des Beatles vous apprend à vivre la vie dont vous avez toujours rêvé. Ou si vous désirez simplement ajouter un peu de joie, de paix ou même de plaisir à votre routine quotidienne, ce livre peut vous y aider.

Il est rempli d'anecdotes et de citations peu connues des Beatles et de ceux qui font partie de leur cercle privé. Ces principes soulignent les grandes lignes du processus de réflexion des Beatles, de leurs humbles débuts de groupe rock désordonné, de l'époque où ils étaient – de façon non officielle – les princes du monde jusqu'à leur intronisation au temple de la renommée culturelle.

L'IMPACT DES BEATLES DANS LE MONDE

« The act you've known for all these years... »
(*Sgt. Pepper's Lonely Hearts Club Band*, 1967)

Avant de commencer, prenons la peine de constater l'importance de l'impact que les Beatles ont eu dans notre vie et à quel point ils continuent de nous influencer. Regardons quelques-uns des éléments de l'héritage des Beatles :

- Les Beatles ont vendu plus d'un milliard de disques dans le monde.

- Le CD *1*, l'anthologie de leurs plus grands succès, est le disque le plus vendu de l'histoire de la réédition discographique. Dès les premières semaines, il était en tête des palmarès dans plus d'une trentaine de pays.

- Trente ans après la dissolution du groupe, le magazine financier *Forbes* classait les Beatles en troisième position dans son palmarès annuel quant aux profits générés par les vedettes et les sportifs. En tête, on retrouvait Tom Cruise et Tiger Woods.

- La série télévisée, *Anthology*, diffusée en 1995 (vingt-cinq ans après la dissolution des Beatles), a été vue par 420 millions d'auditeurs dans quatre-vingt-quatorze pays. Le premier coffret double de l'*Anthologie* s'est vendu à plus de huit millions neuf cent mille copies dans les sept premières semaines pour atteindre la première position des ventes du magazine *Billboard*.

- En Australie, 300 000 *fans* sont venus accueillir les Beatles à Adélaïde un jour de juillet 1964. Trente-six ans plus tard, ils attirent toujours une aussi grande foule : à l'été 2000, la ville de Liverpool a accueilli 350 000 personnes venues de partout pour sa célébration annuelle consacrée aux Beatles, et chaque année la ville accueille toujours plus de 500 000 *fans* des Beatles qui y viennent en « pèlerinage ».

- Les Beatles ont gagné quatorze Grammy's et reçu plus de trente nominations.

- Ils ont remporté un Academy Award et obtenu deux autres nominations.

Voici d'autres accomplissements un peu moins connus :

- Les Beatles ont changé les règles du jeu des tournées de concerts rock en se produisant dans les grands stades sportifs partout dans le monde.

- C'est le premier groupe à exploiter le format du vidéoclip musical comme outil de promotion, désormais devenu la norme de l'industrie popularisée par la chaîne MTV.

- Les Beatles ont changé les normes internationales de l'enregistrement ; avant leur arrivée, la plupart des succès devaient être traduits avant d'être diffusés dans les marchés étrangers. Le bon sens voulait que les auditoires n'écoutent pas de chansons dans une langue étrangère. Les Beatles ont refusé de réenregistrer leurs chansons, sachant que celles-ci étaient parfaites telles qu'enregistrées la première fois. Leur confiance a fait qu'aujourd'hui, les chansons sont diffusées de par le monde dans leur langue d'origine.

- Les Beatles ont fréquemment changé leur image et leur style musical, souvent de façon drastique, s'exposant à la critique et à l'échec commercial tout en s'assurant une crédibilité artistique et un succès sans précédent pour l'ensemble de leur carrière.

- Les *Fab Four* se sont produits au cours d'un unique concert en 1967 devant un auditoire de plus de 400 millions de téléspectateurs. Cette diffusion devenait aussi la première transmission à relais de l'histoire.

- Les Beatles ont éveillé la conscience occidentale aux valeurs de la pensée orientale, dont le bouddhisme, le taoïsme et l'hindouisme.

Quelle liste de réalisations ! Même si vos rêves personnels ne visent aucun impact aussi global, l'héritage des Beatles démontre certes que *tout* est possible. *Absolument tout.*

QU'ATTENDRE DE CE LIVRE ?

« Roll up for the Mystery Tour... »

(*Magical Mystery Tour*, 1968)

Alors, voulez-vous savoir comment quatre garçons débraillés d'une cité ouvrière ont réussi à changer le monde et à réaliser chacun de leurs rêves ? Êtes-vous curieux d'apprendre comment vous pouvez faire de même ? N'arrêtez pas de lire ! Voici un survol de ce qui vous attend dans les pages de ce livre. Chacun des sept chapitres vous permettra de jeter un regard amusé et instructif sur la façon de mettre en pratique les sept principes de la sagesse *fab* dans votre vie.

1. **Le rêve** traite du pouvoir de rêver. Vous y verrez ses effets positifs sur les Beatles et vous apprendrez comment une technique aussi simple qu'écrire ou dessiner vos rêves peut devenir le catalyseur qui permettra leur réalisation. Vous découvrirez aussi comment développer cette passion d'apprendre sans que cela nécessite une formation académique ou un entraînement particulier.

2. **Les objectifs** démontrent comment vous pourrez, comme les Beatles, concevoir vos buts et les réaliser graduellement selon la technique de l'échelle. Vous apprendrez l'importance d'être bien préparé et décidé de faire tout le nécessaire afin d'atteindre vos objectifs, et ce, sans tarder.

3. **L'attitude** souligne le principe *fab* qui soutient tous les autres : *tout est dans l'attitude*. Vous apprendrez comment réagir en toute confiance devant l'inconnu dans la réalisation de vos rêves. Vous y verrez comment les Beatles ont supporté d'énormes pressions et connu des peurs extrêmes tout en redoublant d'audace devant le risque et l'accomplissement de l'effort requis par ces rêves. Vous apprendrez aussi comment leur soi-disant arrogance a toujours servi leur cause, rejetant le rejet,

confirmant leur certitude du succès et protégeant leur entrain avec l'humour.

4. **L'équipe** démontre l'importance de créer – et d'inspirer – une équipe loyale. Vous y apprendrez comment travailler de concert avec votre équipe afin de réaliser vos objectifs communs et votre rêve collectif. Vous y découvrirez aussi – comme l'ont fait les Beatles – comment faire d'énormes sacrifices afin de motiver votre équipe de rêve. Ce chapitre traite aussi de l'importance du leadership et comment les Beatles – et leur équipe – se sont réunis autour de deux chefs – John et Paul – à des moments critiques de leur carrière.

5. **Le contrôle** enseigne l'importance de « le faire soimême » et pourquoi il importe tant de garder le contrôle à chacune des étapes de la réalisation de vos rêves. Vous vous sentirez inspiré quand vous lirez comment les Beatles ont fait confiance à leur instinct pour conserver le contrôle de leur création, de leur image et de leurs projets tout en restant fidèles à eux-mêmes.

6. **L'évolution** vous apprend à garder vos rêves à jour, en constante évolution, comme les Beatles l'ont fait tout au long de leur carrière. Vous verrez que la réalisation de vos rêves dépend de votre empressement à vouloir dépasser les bornes, de votre volonté de progresser, de votre capacité d'adaptation de même que de votre aptitude à travailler malgré d'importantes restrictions. Vous réaliserez l'importance de devenir un chef tant au travail qu'en famille et en amitié. Vous apprendrez aussi, comme les Beatles l'ont réalisé eux-mêmes, que l'erreur n'existe pas. C'est cette aptitude à évoluer, à diriger, voire à prospérer qui vous distinguera, même en temps de crise.

7. **L'esprit** vous montre comment entretenir une ouverture d'esprit face à la spiritualité et aux responsabilités sociales. Comme les Beatles, vous découvrirez que ce principe libérateur pourrait non seulement améliorer

votre vie, mais aussi celle de votre entourage et – pourquoi pas ? – changer le monde entier pour le mieux.

COMMENT UTILISER CE LIVRE

« There's nothing you can do that can't be
done... »
(*All You Need Is Love*, 1968)

Même si les sept principes de sagesse *fab* de la voie des
Beatles ont été énoncés de façon graduelle et progressive, ils
peuvent être consultés de façon aléatoire. Quelle que soit la
page, vous y trouverez des perles de sagesse des Beatles qui
pourront vous guider dans votre quête personnelle de satis-
faction et de succès.

Chacun des sept principes est suivi d'une chronique de
sujets secondaires en accord avec un titre ou un extrait d'une
chanson des Beatles. Au fil de votre lecture, laissez votre
subconscient s'imprégner de ces sentiments *beatlesques*.
Laissez-les stimuler votre imagination et inspirer votre
volonté d'agir sur vos rêves.

Chacun des chapitres se termine par une section intitulée «Vous êtes le cinquième Beatle!», qui propose une
série d'exercices à faire, où et quand bon vous semble, afin de
vous aider à mettre en pratique la sagesse *fab* dans votre vie.

Je suis tout aussi impatient que vous que le spectacle
commence! Mais permettez-moi une dernière pensée: l'élégance de la vision des Beatles, doublée d'une énergie sans
pareille, de détermination et de talent, est un modèle d'héritage qui peut vous inspirer à vivre une vie remplie de joie et de
succès.

J'espère sincèrement que les principes développés dans
ce livre sauront vous apporter l'émerveillement, la motivation
et la récompense de la voie des Beatles.

L'auteur

Chapitre 1

LE RÊVE

Je crois tout, jusqu'au jour où l'on démontre la fausseté d'une chose. Je crois donc aux fées, aux dragons et aux mythes. Tout cela existe – ne serait-ce que dans votre imagination. Qui sait si les rêves et cauchemars ne sont pas aussi réels que ce que nous vivons d'ores et déjà. La réalité laisse beaucoup de place à l'imagination.

John Lennon

Pour goûter ne serait-ce qu'un fragment du succès des Beatles, la première étape – et la plus grande composante de leur réussite – s'avère d'une simplicité déconcertante: rêver.

Pourquoi «déconcertante»? Parce que dans notre monde hypercompétent où l'aptitude aux multitâches est aussi convoitée que récompensée, il n'est guère facile de se laisser aller à rêver. Vous rappelez-vous de la dernière fois où vous avez pris dix – que dis-je *cinq* – minutes pour rêver, fantasmer ou visualiser les objectifs les plus satisfaisants ?

Pour John et son ami Paul McCartney, les rêves fabuleux étaient la seule façon d'échapper à la déprime des rues détrempées par la pluie de Liverpool. « Si on m'avait demandé pourquoi j'écrivais des chansons à l'âge de quinze ans, j'aurais répondu que c'était pour l'argent, disait Paul. Puis on réalise que ce n'est pas vraiment là notre motivation. Une fois l'argent acquis, il faut continuer... Il doit donc s'agir d'autre chose. Je crois que c'est la liberté de *vivre tes rêves.* »

John dévoila l'impact d'Elvis Presley sur les rêves des Beatles, eux qui rêvaient d'un succès pareil au sien, car tel est bien ce qui les fit passer à l'action. En 1971, quand on s'enquit de ses rêves d'enfant de la fin des années 50, John répondit sans hésiter : « Surpasser Elvis ! » Voilà un fantasme grisant pour un rebelle avéré dont l'unique profession était l'école buissonnière et les bagarres.

John Lennon raconte : « On allait voir les films d'Elvis au cinéma quand on habitait encore à Liverpool. Tout le monde guettait son apparition à l'écran... moi compris. Et tous criaient dès qu'ils l'apercevaient. » Son copain George Harrison rêvait lui aussi de choses semblables : « On regardait Buddy Holly et Elvis en pensant : voilà un emploi qui me plairait... argent, voyages, filles, beaux costumes – jouer du *rock and roll* apporte assurément de grands avantages ! » Les rêves de George n'étaient peut-être pas des plus élevés, mais il n'était qu'un adolescent à l'époque ! La maturité projeta certes ses rêves bien au-delà de cette quête de plaisirs matériels.

CHOISIR SES RÊVES,
C'EST CHOISIR SON AVENIR

« And it's my mind, and there's no time... »
(*There's a Place*, 1963)

Contemplez les pensées les plus intimes des Beatles grâce à la source la plus révélatrice qui soit – les textes de leurs chansons. Vous y découvrirez la preuve qu'ils cultivaient consciemment leurs rêves. À titre d'exemple, *There's a Place* démontre que les thèmes des premières chansons de John reposaient en quelque sorte sur un état méditatif: « There's a place where I can go / And it's my mind, and there's no time... » (Il est un endroit où je peux me retirer / Et c'est dans mon esprit, où le temps n'existe pas...).

Ces paroles sont à la fois simples et profondes. Vos rêves ne sont perturbés ni par le temps ni par les distractions; seule règne la pureté d'une vision de vous-même conforme à vos moindres caprices. À l'instar des Beatles, si vous croyez que vos rêves forment les prémices de votre réalité, laissez immédiatement glisser votre esprit vers le sentier menant à votre futur objectif.

À quelques kilomètres de là, un autre passionné de musique rock passait aussi sa jeunesse à rêver, mais sans perdre son temps pour autant. *Like Dreamers Do*, une des premières compositions de Paul McCartney – car c'est bien de lui qu'il s'agit –, révèle le secret qui permet de gagner le cœur d'une fille: la conviction que son rêve se réalisera. « I saw a girl in my dreams / And so it seems / That I will love her » (J'ai vu en songe une fille / Il semble ainsi / Que je l'aimerai).

Plutôt perspicaces nos deux apprentis paroliers! À première vue, le seul fait de rêver peut sembler une évidence sur le sentier du succès. Mais demandez-vous à quand remonte la dernière fois où vous vous êtes accordé un répit sur votre horaire frénétique pour vous contenter de *rêvasser?*

Plusieurs motivateurs et maîtres spirituels adoptent le rêve comme instrument efficace dans la création d'une vie plus heureuse et plus réussie. Le livre *Creative Visualization* de Shakti Gawain fut un événement marquant qui en aida plusieurs à se concentrer sur cette seule étape. Dans le monde des affaires, les *best-sellers Unlimited Power* et *Awaken the Giant Within* d'Anthony Robbins mettent en vedette le rêve comme méthode cruciale pour contrecarrer la peur et les tendances suicidaires.

Interrogé sur le secret de son succès, George cita une de ses muses spirituelles, Mahatma Gandhi : « Crée et préserve l'image de ton choix. »

À l'âge de douze ans, Ringo Starr, le dernier membre à joindre le groupe, parcourait sans se lasser les rues mornes de Liverpool, scrutant du regard l'intérieur des magasins de musique et visualisant le jour où il aurait sa propre batterie Ludwig. « Tout ce que je voulais, c'était une batterie. Quand je regardais dans les magasins, je ne voyais que ça – jamais les guitares », nous dit Ringo qui rêvait de façon réaliste. Sa stratégie : un seul objectif accessible à la fois. Ayant obtenu sa batterie, cessa-t-il de rêver ? Bien sûr que non ! N'arrêtez jamais de rêver, car vos rêves marquent les prémices de réalités imminentes.

Quant à transformer leurs rêves en réalités, les Beatles de par la double puissance de leurs rêves et de leur dur labeur ont pu rencontrer, jouer et se lier d'amitié avec presque tous les héros de leur imaginaire musical. En 1963, ils partaient en tournée avec leurs mentors Little Richard et Roy Orbison ; un an plus tard, Carl Perkins – un autre héros à leurs yeux – assistait à leur séance d'enregistrement de la chanson *Matchbox*. Ils ont également rencontré Bob Dylan en privé. Et en 1965, ils étaient reçus chez Elvis Presley à Bel Air, où ils improvisaient librement avec lui sur leurs instruments et parlaient métier, tout en se prélassant dans les manifestations du choix simple, mais souvent négligé, de *rêver*.

Et vous ? Êtes-vous tenté de prendre un répit pour *rêver* ?

DESSINER VOS RÊVES

« Picture yourself in a boat on a river... »
(*Lucy in the Sky with Diamonds*, 1967)

Un autre aspect de la sagesse des Beatles découle directement de celle de Napoleon Hill et d'Anthony Robbins en matière de motivation personnelle : prenez un crayon, un feutre ou encore des crayons de couleur et *dessinez* vos rêves sur papier. C'est dans l'art d'agir, nous disent ces maîtres, que le rêve prend une forme de plus en plus tangible et devient *exponentiellement* plus facile à manifester dans la réalité.

Dès l'adolescence, Paul esquissait différents logos des Beatles et dessinait des costumes pour le groupe, y compris celui en mohair bleu lustré qui servit pour la tournée américaine de 1964 – avec même un soupçon du col de velours noir qui serait bientôt si célèbre.

George Harrison pratiquait déjà cette technique à l'école où l'ennui était son lot permanent. « À l'âge de treize ou quatorze ans, j'étais au fond de la classe à dessiner des guitares – de grosses guitares avec des motifs en forme de *f* sculptés sur le dessus (populaires chez les musiciens de blues), de petites guitares pleines aux extrémités pointues ou arrondies. J'étais un *inconditionnel* de la guitare. »

Et Paul d'ajouter qu'il était crucial pour les Beatles de se fixer des rêves pour que ceux-ci se manifestent dans la réalité : « (John et moi) On s'assoyait avec un cahier d'école – un cahier tout déchiré que je garde encore – où j'écrivais tout ce qui nous passait par la tête, avec pour entête à la première page comme à toutes celles qui suivent : *composition originale de Lennon/McCartney*. Nous nous considérions sérieusement comme le prochain grand tandem. Et chose curieuse, c'est ce que nous sommes devenus ! » Et comment !

Imaginez-vous maintenant à bord d'un bateau voguant sur les eaux d'une rivière. Ou gagnant 100 000 $ par an. Ou prenant le temps de faire une semaine de bénévolat au refuge des sans-abri. Maintenant, dessinez. Qu'importe si vous n'avez pas le talent d'un Matisse ou d'un O'Keeffe. Ce n'est pas la qualité artistique qui prime ici, c'est plutôt le fait de créer une vision de vous-même en train de réaliser votre rêve exclusif. Naissant d'abord dans votre tête, il apparaît ensuite sur papier pour enfin faire partie intégrante de votre vie. Comme les *Fab Four* ! *Yeah* ! *Yeah* ! *Yeah* !

SONDER VOTRE SUBCONSCIENT

« Listen to the color of your dreams... »
(Tomorrow Never Knows, 1966)

Vos rêves inconscients, qui vous viennent en dormant, en état de demi-sommeil ou tout simplement en rêvassant, ne devraient jamais être écartés. Durant de tels moments, votre esprit critique et censeur est désactivé, et c'est pourquoi ces rêves peuvent révéler votre plus grande créativité.

John soutenait ce point de vue en soulignant qu'effectivement, la créativité se manifeste durant les périodes de demi-sommeil : «C'est toujours au beau milieu de la nuit, (lorsque vous êtes) à moitié endormi ou fatigué, et que vos instincts critiques sont éteints.»

Paul en dit autant de *Let It Be*, une chanson dont la mélodie vous hante : «Une nuit, durant cette période tendue (en 1969, durant le processus de séparation des Beatles), j'ai rêvé à ma mère décédée dix ans plus tôt. Ce fut une expérience tellement merveilleuse dans laquelle ma mère se faisait rassurante. Dans ce rêve, elle me disait *Ça ira* ! Je ne suis pas sûr si elle a prononcé les mots *let it be*, mais le rêve fut si agréable qu'au réveil, j'ai pensé : *C'était vraiment sympa de la revoir.* J'ai donc débuté la chanson avec son nom, Mother Mary. »

Paul se souvient aussi de *Yellow Submarine* : « J'étais étendu sur mon lit, durant cette belle période nébuleuse où le sommeil s'installe et lorsque j'en ressors, c'est toujours pour moi une période agréable. Je me souviens d'avoir pensé qu'une chanson pour enfants serait une très bonne idée... J'imaginais une chanson pour Ringo, et il en fut effectivement ainsi. »

John commente ainsi une de ses plus célèbres chansons, *Strawberry Fields Forever* : « Cet endroit existe vraiment, mais je m'en suis servi comme image. Je voyais toujours les choses d'un point de vue hallucinatoire. Le surréalisme m'a grandement marqué, car j'ai compris que mon imagerie mentale n'était pas de la folie. Si je suis fou, je fais partie d'un club sélect qui voit le monde ainsi. Pour moi, le surréalisme, c'est la réalité ; la visualisation psychique aussi. »

Enfin, la chanson probablement la plus acclamée du répertoire des Beatles est littéralement née d'un rêve. Paul raconte comment il a écrit *Yesterday*. « Je me suis réveillé avec cet air mélodieux en tête. J'ai pensé : *Fantastique ! Qu'est-ce que c'est ?* » Paul se rua sur le piano droit près de son lit et trouva sur-le-champ les accords de la chanson. « J'aime beaucoup la mélodie, continue-t-il, mais parce qu'elle sortait d'un rêve, je ne pouvais croire que je l'avais écrite. » Aujourd'hui, cette chanson demeure la plus diffusée et la plus interprétée de tous les temps. Aux États-Unis, à la radio seulement, elle a passé plus de six millions de fois. Il faudrait plus de vingt-trois ans d'écoute continue pour l'entendre autant de fois.

Comment peut-on faire la différence entre un rêve qui nous guide vers l'avenir et un autre, totalement inexplicable et vraisemblablement sans rapport avec notre objectif ? Comme le disait Paul, on ressent une émotion particulière après s'être ouvert à son « moi-qui-rêve » et en avoir tiré profit. « Il s'agit de cet instant créatif qui fait naître une idée géniale. La certitude vous envahit, par opposition au reste de votre vie où tout n'était que culpabilité et incertitude ; c'est un instant magique...Vous êtes rempli d'une sensation de grande chaleur qui, pour une raison quelconque, émane de la colonne vertébrale, passe par le crâne et sort par la bouche. » Paul l'ignorait peut-être à l'époque, mais il parlait de ce que l'hindouisme appelle l'« éveil de la *kundalini* », la stimulation de l'énergie innée pendant un moment d'épiphanie.

Parfois, comme les Beatles, il faut affronter la fin d'un rêve. Mais la fin d'un rêve n'est-elle pas le début d'un autre ? En 1970, après la rupture des Beatles, John en parlait dans *God*, une chanson de son premier album solo : « The dream is over, what can I say... And so dear friends, you'll just have to carry on / The dream is over. » (Le rêve est terminé, que puis-je dire... Chers amis, il vous faudra néanmoins continuer / Le rêve est terminé).

Donc, soyez attentif au message de vos rêves. Peut-être incarnent-ils votre côté le plus sage, qui essaie de contourner le tourbillon de votre mental « responsable ». Allez-y, étendez-vous sur ce canapé et rêvez !

APPRENDRE CE QUE VOUS AIMEZ

« It's gotta be rock 'n' roll music »

(*Rock and roll music*, 1964)

Bon, vous êtes d'accord, le rêve est un ingrédient important pour atteindre le succès. Oui, mais après ? Nous avons vu que dessiner ou transcrire un rêve peut mener à son accomplissement, mais la prochaine étape naturelle à franchir dans l'action concrète par rapport à son rêve, – êtes-vous prêt à faire un petit effort ? –, c'est d'*apprendre*. Même si vous êtes un génie comme Lennon ou McCartney, vous devez quand même travailler dur à votre passion. Et si vous ne l'êtes pas, qu'est-ce que ça peut bien faire? Brian Wilson, une des plus grandes influences sur les Beatles, disait durant ses jours heureux de musicien, compositeur et producteur des Beach Boys : «Je ne suis pas un génie – seulement quelqu'un qui travaille fort. »

Dans votre cas, apprendre à maîtriser les subtilités du métier ou de la vocation que vous avez choisi pourrait devenir un élément de stimulation constante à la limite de l'obsession. Adieu l'ennui.

Le frère de Paul, Mike – lui-même un musicien anglais respecté doublé d'un comédien – disait: «Dès que Paul eut sa guitare (à quatorze ans), ce fut la fin, il était perdu. Il n'avait le temps ni de manger, ni de boire, ni de penser à rien d'autre. Il en jouait dans les toilettes, dans le bain, partout».

Les Beatles ont dévoré les disques de leurs idoles rock et rhythm 'n' blues – Chuck Berry, Jerry Lee Lewis, Gene Vincent, Fats Domino et Larry Williams, un rockeur de la Nouvelle-Orléans – et en ont étudié les arrangements et la production. Ils ont appris à évoquer le style vocal d'Eddie Cochran, des Everly Brothers, des Isley Brothers et de Little Richard. En fait, lors d'une rencontre, Little Richard a aidé Paul à perfectionner sa technique vocale du « woo ! » dans le registre aigu.

Les Beatles ont traité leurs héros musicaux comme des professeurs virtuels tandis que les disques 33 tours et 45 tours leur servaient de manuels scolaires. Selon Ringo, au fur et à mesure que les nouveaux disques sortaient des navires au quai de Liverpool, «on pouvait tuer pour ces vinyles.» La leçon à en tirer pour soi: l'obsession peut s'avérer bénéfique.

Simultanément, entre 1956 et 1962, John et Paul écrivaient des titres originaux en quantité. Certains – dont Paul – avancent le chiffre de cent chansons. George Harrison dit qu'ils avaient «récrit» la plupart de leurs mauvaises chansons lorsqu'ils décrochèrent leur premier contrat d'enregistrement. Paul nous parle de ces premiers jours d'écriture: «John et moi faisions l'école buissonnière. Nous allions chez moi répéter des chansons. John connaissait des accords de banjo tandis que moi, je pouvais jouer la moitié d'un accord de guitare. Partis du même point, nous avons couvert le même parcours ».

Leur soif de connaissance était insatiable. Paul le confirme : « Nous avons littéralement traversé la ville pour l'accord de *si* septième. Nous connaissions tous le *mi* et le *la*, mais le dernier de la séquence est le *si* septième, un accord difficile. Mais sachant que quelqu'un le connaissait, nous avons tous pris l'autobus pour aller chez lui ». Paul ajoute que lui et ses amis Beatles ont aussi fait le tour de la ville pour trouver un disque des Coasters intitulé *Searchin* : « Il a fallu prendre l'autobus et changer deux fois de circuit. Aucune importance, car cette chanson nous passionnait ». Puis, réfléchissant, il ajoute : « Je crois que cette ardeur distinguait les Beatles de plusieurs autres groupes ».

Ce qui *vous* distingue des autres, c'est votre enthousiasme pour votre emploi, votre famille, votre passion.

Tous les Beatles étaient passionnés de littérature, ce qui leur ouvrit une autre dimension où puiser l'inspiration musicale. La passion de John pour *Alice au pays des merveilles,* de Lewis Carroll, lui inspira plusieurs de ses textes à saveur psychédélique durant sa période *Sgt. Pepper* et *Magical Mystery Tour.* Paul, qui connaissait bien Shakespeare, nous dit qu'il a « suivi le barde en terminant l'Acte de la face B de l'album *Abbey Road* avec un couplet significatif dans le style de Shakespeare », à savoir sa chanson *The End.*

Paul a grandi en écoutant du jazz, son père étant un musicien *jazzique* amateur. À la maison, les rythmes et les mélodies de Glenn Miller – dont *In the Mood* – et d'autres ensembles de cuivres lui étaient familiers et influencèrent bientôt les compositions de Paul. *Can't Buy Me Love* fut la première chanson complètement *swing* de Paul, et presque toutes ses chansons des albums *Revolver* et *Sgt. Pepper* possèdent le rythme *swing* du 12/8.

George Martin, producteur de la plupart des disques des Beatles, nous dit : « C'est à partir de *Can't Buy Me Love* que l'évolution artistique du groupe a commencé. Je ne saurais vous expliquer ce qui rend une chanson sophistiquée, mais je sais que cette chanson l'est, parce que je l'ai enregistrée avec Ella Fitzgerald deux ans après la version originale des Beatles, et elle lui allait comme un gant. Elle l'aimait, et elle la fit *swinger* comme pas une. Cela vous montre la sophistication de cette chanson. »

Dans sa soif intarissable de savoir, Paul s'est éloigné de ses racines *jazziques* pour diversifier son champ d'études musicales, passant des chansons de Broadway aux airs de salles de danse des années 30 et 40. Parallèlement, Julia, la mère de John, apprit à son fils de vieux airs de banjo ainsi que des chansons du répertoire Disney. Bien qu'intellectuel, John pouvait interpréter un fameux *When You Wish Upon a Star*, tout peut nourrir le génie !

Pour les Beatles, cet apprentissage diversifié se refléta dans l'habileté du groupe à écrire et à jouer presque tous les styles de musique : la ballade sentimentale, les airs à la Fred Astaire, la chanson folk et le rock le plus bruyant.

Aussi, une fois que vous aurez découvert votre passion, faites comme les Beatles : explorez tous les aspects et les possibilités de votre champ d'intérêt, que ce soit la boulangerie, le commerce électronique ou la vie de famille.

Dans le domaine choisi, précisez vos objectifs : faire les meilleurs croissants en ville, vendre le plus d'ordinateurs portables au pays, ou être le meilleur parent pour votre bambin. Tempérez la diversité de vos apprentissages au moyen de trucs pratiques : étudiez les experts, cherchez à comprendre pourquoi ils sont les meilleurs pour ensuite intégrer leurs trucs dans votre propre vie, mais sans qualifier le tout de plagiat !

C'est ce qu'ont fait les jeunes Beatles. En plus de s'immerger dans la musique de leurs idoles, ils étudiaient aussi les méthodes particulières d'auteurs-compositeurs légendaires tels Buddy Holly, Bob Dylan et Brian Wilson – le leader des Beach Boys –, en plus des grands tandems Leiber-Stoller – qui écrivaient pour Elvis Presley –, et Goffin-King, qui avaient écrit *Up on the Roof, The Loco-Motion* et *Will You Still Love Me Tomorrow*. Le groupe a aussi appris à chanter des harmonies vocales dans le style de leurs mentors Smokey Robinson et les Miracles, les Marvelettes et les Ronettes.

Les Beatles pouvaient encore se permettre d'avoir des héros. Ils n'ont pas débuté avec suffisance, pensant qu'ils pouvaient réaliser leurs rêves par eux-mêmes. Et le fait d'« emprunter » à leurs héros ne les inquiétait guère. Ils ont eu la sagesse d'émuler ce qu'il y avait de mieux et de se servir de leur apprentissage comme tremplin vers leur style rock très personnel.

Paul disait que lorsque John et lui ont découvert Elvis Presley à l'adolescence, leur réaction fut immédiate : « C'est lui ! C'est le gourou que nous attendions ; le messie est *arrivé* ! » Et voilà le message : ne réinventez pas la roue seulement pour être « aussi original qu'authentique ». Trouvez vos héros, « empruntez » d'eux, et votre propre style découlera naturellement de tout ce que vous aurez appris.

OSER EXPÉRIMENTER

« I didn't know what I would find there... »

(*Got to get you into my life*, 1966)

Vos techniques de base sont maintenant au point. Vous avez étudié plein de choses sur votre passion et vous avez émulé la crème de la crème ; c'est maintenant le temps d'expérimenter !

Amusez-vous! Dès leurs débuts, les Beatles ont repoussé les limites d'une industrie musicale ankylosée. Les quatre Beatles avaient un intérêt soutenu pour les musiques classique et d'avant-garde. Cette toile de fond leur servit pendant leurs années expérimentales. L'intérêt de John pour la musique expérimentale française du début des années 60, dans laquelle on retrouvait l'idée d'une phrase musicale répétitive, s'est avéré utile lorsqu'il a cherché une introduction pour *I Want to Hold Your Hand*. Se rappelant ses influences françaises, il a utilisé la séquence d'accords de la section du milieu («I can't hide, I can't hide, I can't hiiiiide!») au début de la chanson, ce qui lui donne un départ à la fois explosif et unique.

Peu de gens savent que le thème de *Because*, une des chansons de John sur *Abbey Road*, est en réalité la *Sonate à la lune*, de Beethoven, dont les accords sont joués à l'envers! Dans les années 60, ce n'était pas vraiment une technique de composition standard. En plus, les Beatles ont offert un contrat d'enregistrement sur leur étiquette, Apple, à un compositeur contemporain de musique classique des plus innovateurs: John Tavener. Et Paul demeure un modèle à suivre pour *ne pas* stagner et s'atrophier. Il a de loin dépassé ses racines *rythm and blues* et jazz pour devenir un compositeur classique respecté, un virage qu'il a amorcé dans la cinquantaine, au milieu des années 90. Paul enregistre aussi des disques innovateurs de musique d'ambiance: son album expérimental *Liverpool Sound Collage* était en nomination pour un Grammy en 2001.

Il va sans dire que rien ne limitait les Beatles musicalement, et plus que tout autre, ce fut un facteur constant de leur habileté à se développer en tant qu'artistes. Cela vaut aussi pour vous. Continuez à apprendre, à essayer de nouvelles choses, et ne résistez pas au changement; ce principe vaut non seulement pour les artistes, mais aussi pour les médecins, les parents, les jardiniers, les vendeurs et les politiciens.

Comme les Beatles, ne vous embourbez pas dans un seul style, peu importe le niveau de succès que cela vous apporte.

ÉDUCATION CONVENTIONNELLE NON REQUISE

« Don't wanna go to school to learn to read 'n' write... »
(*Bad Boy*, 1964)

Parlons maintenant de l'envers (ou de l'autre visage), de l'éducation : faire semblant jusqu'à ce qu'on y parvienne. Il est facile de demeurer en mode « apprentissage », accumulant de l'information et rêvant d'un succès hypothétique, mais mieux vaut parfois s'y jeter tête baissée, qu'on soit prêt ou non ! Tel était également le secret des Beatles.

Malgré leur soif de connaissance, aucun des Beatles n'a reçu d'éducation musicale conventionnelle. Tous les quatre sont autodidactes et fiers de l'être. N'ayant jamais appris à lire la musique, Paul parle ouvertement de son effort conscient d'éviter l'apprentissage de ce que représentent les « petits gribouillis noirs » (la notation musicale), car ceci ne pourrait que nuire à sa créativité.

Voici ce qu'en disait John en 1966 : « Quand George, Paul, Ringo et moi étions à nos débuts, nous nous sommes dit : Écoutez ! Voici un domaine professionnel qui n'exige aucune qualification, sauf qu'il faut s'y mettre et le désirer. Et on peut réussir sans éducation collégiale. » Pour bien se faire comprendre, John cite l'habileté vocale : « Je n'ai pas eu besoin de recevoir une formation comme chanteur : je peux chanter. Chanter, c'est chanter pour ceux qui aiment ce que vous faites. Et non le fait de pouvoir tenir une note. »

Ringo non plus ne mâche pas ses mots sur la question : quarante ans avant le fameux slogan de Nike, il savait qu'il est important parfois de s'y mettre simplement : « Je n'ai pas étudié la batterie. J'ai appris sur le tas et de toutes les erreurs commises sur scène ». Il ajoute : « J'estime pouvoir en apprendre davantage auprès de batteurs professionnels qu'à l'école. Je ne désire pas vraiment suivre un cours, car je peux m'entendre avec quelqu'un qui s'y connaît et qui peut m'enseigner ».

Sachant qu'il lui faudrait plusieurs années d'étude pour jouer correctement du sitar, George ne se décourageait pas. Ravi Shankar, son mentor et maître du sitar, disait en 1968 : « Puisant dans sa connaissance de la guitare, (George) expérimentait tout seul, mais tout en exprimant constamment son désir d'apprendre l'art de jouer du sitar ». George est loin d'être un maître de cet instrument, mais son jeu au sitar en 1965 sur *Norwegian Wood* démontre que la maîtrise totale n'est pas indispensable à la beauté ou au succès.

Comprenons donc ici qu'on ne doit pas se laisser intimider par « la façon traditionnelle de faire les choses ». Si vous êtes bon, ou même en voie de le devenir, ne restez pas trop longtemps dans le giron universitaire ou de l'apprentissage. Soyez *fab* ! Osez ! Allez-y !

L'INSPIRATION AMBIANTE

« In my ears and in my eyes... »
(*Penny Lane*, 1967)

De même qu'il n'est pas nécessaire d'aller à l'église pour s'inspirer, on peut apprendre sans fréquenter l'école. Les Beatles puisaient leur inspiration dans leur univers ambiant, celui de tous les jours : leur enfance, leurs collègues de travail, leurs amis, leurs amours, leurs proches – bref, pour reprendre les paroles de *Penny Lane* –, dans les sons et visions « remplissant leurs oreilles et leurs yeux ». De fait, Penny Lane est un quartier bien réel de Liverpool et le salon de coiffure, dont fait mention cette chanson, est celui où les préadolescents John, George et Paul allaient se faire tondre tous les mois.

Un des sites d'enfance préférés de John était d'ailleurs le titre de l'une de ses chansons : Strawberry Field, un manoir de l'époque victorienne. Avoisinant la maison de sa tante Mimi où il habitait, John jouait – et rêvait – souvent dans ce jardin secret.

Les Beatles étaient passés maîtres dans l'art de sublimer les événements les plus banals de la vie. Si, par exemple, Paul attrapait une contravention pour stationnement illégal, il s'installait aussitôt au piano et composait une chanson sur l'agent qui la lui avait collée. D'où la chanson *Lovely Rita*, inspirée par Meta Davies, contractuelle de Londres. Dans un même ordre d'idées, *Magical Mystery Tour* s'inspire d'un forfait-vacances pour excursionnistes en Angleterre. « Quand nous étions enfants en Angleterre du Nord, nous montions à bord d'un bus sans connaître notre destination. *Mystery Tour* : voilà comment ils appelaient cela. »

Les deux classiques de John sur l'album *Sgt. Pepper*, c'est-à-dire *Lucy in the Sky with Diamonds* et *Being for the Benefit of Mr. Kite !*, furent inspirés par deux incidents banals : un pastel réalisé par Julian, son fils de quatre ans, et un *poster* d'une boutique d'antiquités. La célèbre « Lucy » n'était en réalité que la camarade d'école de Julian, Lucy O'Donnell, tandis qu'une affiche de cirque aussi authentique qu'ancienne, acquise par John durant l'enregistrement de *Sgt. Pepper*, révèle que les paroles de la chanson *Mr. Kite* furent puisées à même l'affiche, et ce, presque mot pour mot.

A Day in the Life, une des chansons les plus impressionnantes de John, naquit d'un fait divers dans le journal. John confie : « J'ai écrit cette chanson avec le *Daily Mail* appuyé contre le piano devant mes yeux. Il était ouvert à la page des faits divers, où figurait un paragraphe sur la découverte de quatre mille trous à Blackburn, Lancashire ».

George cherchait lui aussi l'inspiration dans son quotidien : *While My Guitar Gently Weeps* lui est venue à l'esprit alors qu'il était très influencé par le *I-Ching : le Livre du changement*, qui part du concept spirituel oriental voulant que toute chose soit fonction de tout le reste, alors que la pensée occidentale veut que tout soit pure coïncidence ou hasard. « L'idée me trottait dans la tête, dit George. J'ai donc décidé d'écrire une chanson basée sur la première chose que je verrais en ouvrant un livre quelconque, ce qui serait fonction de cet instant. J'ai ainsi pris un livre au hasard ; l'ayant ouvert, j'aperçus les mots *gently weeps*. Déposant le livre, j'ai commencé à écrire ladite chanson. »

Deux classiques de Paul sur le *Double-blanc* adhèrent aussi à cette stratégie : « Ob-La-Di, Ob-La-Da fut inspirée par un Jamaïcain qui fréquentait les boîtes de nuit et disait : *ob-la-di, ob-la-da, life gœs on !* C'était un gars aux expressions bien trouvées ». Et *Martha My Dear* naquit d'une mélodie que Paul jouait pour son chien du même nom.

Quant à *Golden Slumbers*, Paul raconte cet incident de 1969 : « Je jouais du piano chez mon père, à Liverpool, et le livre de piano de ma sœur Ruth reposait sur le lutrin. Le feuillettant, je suis tombé sur *Golden Slumbers*. Ne sachant pas lire la musique, je n'en connaissais pas la mélodie que j'ai remplacée par une autre de mon cru. J'ai puisé mon inspiration dans le livre de ma sœur. »

À la manière des Beatles, allez-y et assimilez toutes les leçons des maîtres qui vous inspirent, mais ne fermez pas les yeux sur le monde et les gens qui vous entourent. Restez à l'écoute des idées géniales qui germent tout autour de vous, en tout temps, dans l'espoir d'être cueillies sur l'arbre de la créativité.

VOUS ÊTES LE CINQUIÈME BEATLE ! – *LE RÊVE*

Le « cinquième Beatle » est une expression d'affection non officielle, appliquée à certaines personnnes ayant grandement contribué au succès du groupe. On compte parmi celles-ci

Brian Epstein, Neil Aspinall (ami et organisateur de tournées), George Martin (producteur de disques) et même Murray «the K» Kaufman, *disc-jockey* de New York qui aida à lancer la carrière du groupe aux États-Unis tout en se proclamant lui-même le «cinquième Beatle».

Voici maintenant votre chance de faire partie – du moins en esprit – de cette élite! Et ce, en essayant ces quelques exercices simples qui reflètent les techniques de ce chapitre et qui vous aideront à intégrer les principes de la sagesse *fab* à votre vie – l'attitude qui vous encourage à rêver et vous incite aux possibilités de la vie. Des résultats devraient être visibles d'emblée. Et pourquoi pas? L'efficacité de ces principes fut démontrée par les Beatles eux-mêmes!

- Mettez-vous dans un état d'esprit propice au rêve! Pensez aux chansons *Strawberry Fields Forever* et *Penny Lane*. Méditez ces paroles: «In Penny Lane the barber shaves another customer / We see the banker sitting waiting for a trim / And then the fireman rushes in / From the pouring rain – very strange.» (À Penny Lane le coiffeur fait la barbe à un autre client / Nous voyons le banquier assis dans l'attente d'une coupe de cheveux / Et voici un pompier qui entre précipitamment pour s'abriter de la pluie torrentielle. Comme c'est étrange!) Que de poésie puisée par Paul dans un scénario des plus banals! Votre vie est tout aussi riche en poésie. Laissez la magie de cette musique vous emporter et vous inspirer vos propres rêves.

- À l'heure la plus frénétique de votre journée, arrêtez tout: cherchez un coin tranquille, de préférence dans un cadre naturel, et abandonnez-vous simplement au *rêve*. Si vous ne trouvez ni forêt, ni parc, ni même d'arrière-cour, votre voiture fera l'affaire. Fermez les fenêtres et les yeux, et commencez à rêver à ce qui vous plaît. Comme les Beatles qui rêvaient à l'infini dans la quiétude de leurs chambres à coucher de Liverpool, faites-en une pratique régulière. Soyez extravagant, aussi indompté que sans limites. Ne coupez pas le rêve et ne doutez pas de sa réalisation. Retenez-le pendant plusieurs minutes.

- Prenez un feutre et plusieurs feuilles de papier sans lignes. Commencez à écrire et à dessiner votre rêve. Ignorez les pensées négatives. Quand vous êtes en mode « rêve », votre moi critique peut aller se faire voir ! N'hésitez pas. Laissez votre main se déplacer un bon cinq minutes sans arrêt sur le papier. Mieux encore, achetez une boîte de crayons et un bloc-notes que vous remplirez des visions les plus pittoresques de votre imagination. Comme l'enfant, nourrissez-vous de l'espoir que vos rêves se transformeront en réalités futures.

- Visitez la bibliothèque ou le libraire le plus près de chez vous et procurez-vous tous les livres offerts sur les sujets qui suscitent votre intérêt. Les Beatles traversaient la ville entière pour trouver le disque des chansons qu'ils désiraient apprendre à jouer. Et vous ? Prenez le temps d'approfondir le sujet vous tenant le plus à cœur. Les heures s'accumulent vite, même à raison de quinze minutes seulement par jour. Demandez-vous : « Comment ceux qui sont passés maîtres dans mon domaine ont-ils réussi ? Comment les égaler ? ». Choisissez un de leurs traits ou une de leurs habitudes, que vous chercherez ensuite à intégrer consciemment à votre quotidien. Arrêtez-vous fréquemment pour vous demander : « Que ferait X (insérez ici le nom de votre modèle) dans pareille situation ? ».

- Examinez votre environnement immédiat en notant consciemment tout ce qu'il comporte, et ce, dans les moindres détails : la vaisselle dans laquelle vous mangez, les manchettes du journal, le bavardage des enfants, le paysage visible par la fenêtre. Ne faites pas que regarder, mais *voyez*. Comment, rien ? Vous n'êtes pas encore en mode *fab*! Tout a un sens, tout est en corrélation. Qu'est-ce qui vous entoure de toutes parts – emplissant vos oreilles autant que vos yeux? Examinez attentivement les gens autour de vous pendant qu'ils parlent, qu'ils mangent, qu'ils magasinent et qu'ils se détendent. Demandez-vous: « Que puis-je apprendre de mon environnement? Comment le manifester dans la création ou la réalisation de mes rêves? »

Chapitre 2

LES OBJECTIFS

Nous caressions maintes ambitions, entre autres celle d'atteindre la première place au palmarès, de jouer à Sunday Night at the London Palladium, d'aller en Amérique, de passer au Ed Sullivan Show. Nous en avons réalisé plusieurs.

Paul McCartney

*C*omme les *Fab Four,* en voie de réaliser leurs rêves, à leurs débuts, vous avez fait vos visualisations créatives, vous avez jeté vos idées sur le papier et affiné les aptitudes requises pour que vos visions se matérialisent.

Sur la route du succès, l'étape suivante est importante : *se fixer des objectifs.* Quoique reconnue comme le facteur central de motivation lorsqu'il s'agit « d'obtenir ce qu'on veut », cette simple technique est trop souvent négligée, oubliée sous le poids de nos responsabilités quotidiennes.

Pas chez les Beatles. Ce principe à lui seul suffit à motiver intensément le groupe tout au long de sa carrière. Ne perdant jamais de vue l'objectif qu'ils s'étaient fixé, ils le manquaient rarement, pour ne pas dire jamais.

L'ARGENT COMME OBJECTIF INITIAL

« Just give me money – that's what I want... »
(*Money*, 1963)

Les quatre Beatles étaient certains de leurs objectifs essentiels, dont le premier était évident – *gagner de l'argent*. Plusieurs de leurs remarques à la presse, lors de leurs premières tournées mondiales, reflètent ce fait :

Question :
 «Que signifie pour vous le succès ?»

Beatles (à l'unisson) :
 «De l'argent !»

Question :
 «Que ferez-vous quand la *Beatlemania* décroîtra ?»

John :
 «Nous compterons l'argent gagné !»

Question :
 «Êtes-vous communistes ?»

Paul :
 «Nous, des communistes ? Impossible. Nous sommes les plus grands capitalistes au monde !»

Ringo :
 «Chaque fois que vous épelez le mot *beetle* avec un a, nous gagnons de l'argent !»

L'instinct monétaire est peut-être né de leur besoin d'évasion de Liverpool, ville triste à mourir. Bien sûr, ils caressaient le rêve sublime de devenir les prochains Elvis, mais dans l'immédiat, ils ne désiraient qu'acquérir assez d'argent pour être libres de vivre comme et où ils voulaient – aussi loin que possible de Liverpool.

Lorsqu'il était jeune, John Lennon répétait souvent qu'il « ferait n'importe quoi » pour quitter Liverpool. En 1967, il déclara à Hunter Davies, biographe des Beatles : « J'ai toujours cru que je réussirais dans la vie. Même si parfois j'étais en proie au doute, je savais qu'il se passerait quelque chose. Il fallait que je devienne millionnaire. » Il ajoute : « Je crois qu'en Angleterre, le gouvernement devrait couvrir les frais dentaires et médicaux des gens ; mis à part cette considération, j'ai travaillé pour mon argent et je voulais être riche. »

« L'antimatérialisme des Beatles est un mythe », disait Paul en discutant de l'écriture de succès sur commande comme *Eight Days a Week*. « John et moi, on s'assoyait littéralement en disant : Écrivons une piscine. » En 1965, Paul disait aux journalistes : « Il serait idiot de prétendre que le fait de gagner beaucoup d'argent n'est pas une source d'inspiration constante. Pourquoi les hommes d'affaires importants le restent-ils ? Ce ne sont pas les affaires qui les inspirent, mais bien tout l'argent qu'ils gagnent. »

Et George d'ajouter : « L'argent m'intéresse. Quand je n'en avais guère, j'étais tout autant fasciné par ce qu'on pouvait faire avec si peu ».

Pour plusieurs, l'argent est un sujet aux connotations négatives ; les expressions « argent sale » et « argent mal acquis » nous viennent à l'esprit. D'autres considèrent la poursuite de l'argent comme étant futile, voire égoïste. Mais nous avons tous besoin d'argent pour fonctionner. Demandez donc au gérant du supermarché si vous pouvez échanger un poème que vous avez écrit ou des fleurs de votre jardin contre un sac de provisions ! Si gagner de l'argent vous motive à vivre une vie plus excitante, plus passionnante, eh bien, soit. Cela n'a rien de honteux en soi ! En permettant aux Beatles de vivre une vie d'expérimentation et de prodigalité, l'argent leur donna aussi le pouvoir de financer leurs entreprises artistiques.

De toute évidence, les objectifs des Beatles ont mûri au fur et à mesure que leurs visées monétaires les plus folles étaient atteintes. « J'ai horreur qu'on se rappelle des Beatles comme quatre joyeux garçons chevelus », disait Paul en juin 1966, peu avant un de leurs derniers spectacles, à San Francisco. « J'aimerais plutôt qu'on se souvienne de quatre personnes qui firent de la musique mémorable ». Et Ringo énonça un objectif semblable : « J'aimerais me retrouver dans les manuels d'histoire que doivent lire les étudiants ».

Quelle est votre réaction quant à l'argent ? Aux yeux des Beatles, l'argent était O.K. Ils avaient été témoins de trop de lésinerie chez leurs concitoyens pour craindre ou se méfier de l'argent à leur tour. L'argent a sa place. N'en faites pas votre ultime objectif, mais ne laissez pas la culpabilité ou l'amertume que vous inspire l'argent – ou ceux qui le possèdent – vous servir d'excuse pour remettre à plus tard les rêves qui vous tiennent à cœur.

SE FIXER DES OBJECTIFS GRADUELS

« To the toppermost of the poppermost ! »

(But du groupe avancé par John lorsqu'ils se décourageaient, 1962)

Avant d'avoir leur place dans les livres d'histoire, les *Fab Four* devaient d'abord commencer par se fixer certains objectifs. Ce qu'ils firent d'une manière réfléchie, systématique, et dans une direction précise. Paul qualifia souvent d'échelons à gravir la voie du succès des Beatles. Les experts en croissance personnelle recommandent de ne pas se fixer d'abord des objectifs trop élevés. Un objectif initial « stratosphérique » peut mener au découragement comme à la frustration, voire à la résignation. Les Beatles désiraient, bien sûr, être numéro un dans le monde du spectacle, mais le groupe approcha ce but global de façon progressive.

Paul disait lors d'une interview avec David Frost, en mai 1964: «Nous pensons par étapes. À nos débuts, alors qu'on jouait au Cavern, nous pensions: *Il nous faut maintenant décrocher un contrat d'enregistrement.* Puis, une fois celui-ci signé: *Il nous faut un numéro un au palmarès.*»

Frost demanda alors à Paul: «Après votre premier numéro un, vous en espériez un second. Et ensuite?» Paul répondit: «The Royal Variety Performance (un spectacle présenté devant la reine d'Angleterre). Un événement marquant. Puis, ce fut l'Amérique je crois. Ensuite, un film (ils venaient tout juste de terminer le tournage de *A Hard Day's Night*).» Frost persista: «Et ensuite?». Paul régla la question en plaisantant: «Est-ce que je sais, moi?»

George reconnut que chaque objectif des Beatles était systématiquement fixé et atteint: «La première fois que j'entendis *Love Me Do* à la radio, j'en ai eu des frissons partout. Le plus important pour nous était de placer notre disque parmi les 20 premiers au palmarès». *Love Me Do* grimpa avec le temps jusqu'à la 17e au *hit-parade* britannique; pas si mal pour le premier disque d'un «groupe de l'arrière-pays», comme les Londoniens les appelaient à leurs débuts. Fait intéressant, ils rêvaient d'atteindre les 20 – et non les 10 – premiers du *top*. Que dire du numéro un?

John était entièrement d'accord avec Paul et George: «D'abord, nous voulions remporter un succès fou à Liverpool, nous voulions être le meilleur groupe de l'Angleterre. Puis, nous sommes allés en Écosse pour roder nos chansons. Notre objectif était toujours à quelques mètres, plutôt que très haut.»

S'efforcer de réaliser un objectif, voilà une partie essentielle de la voie des Beatles. Et malgré leur succès phénoménal, leurs objectifs étaient toujours raisonnables plutôt qu'extravagants ou impressionnants. Vous fixez-vous des objectifs trop élevés ? Si oui, vous ne passerez peut-être jamais à l'action de peur de ne jamais les atteindre. La sagesse *fab* consiste à se fixer un but à la fois, atteignant des objectifs modestes en route vers la réalisation de votre rêve global.

FAIRE TOUT CE QU'IL FAUT

« I've been working like a dog... »

(*A Hard Day's Night*, 1964)

Imaginez la pression : par un froid matin de Londres, soit le 11 février 1963, vous vous réveillez encore fatigués après avoir joué la veille dans une ville située à cent kilomètres au nord. Votre chanson (*Please Please Me*) est numéro un au palmarès ; les autorités corporatives ont donc décidé de vous faire enregistrer un album avec un budget dérisoire avant que votre groupe dégringole et que vous tombiez dans l'oubli. Pire encore, un de vos chanteurs solistes (John Lennon) est malade comme un chien à cause d'une tournée d'hiver qui n'en finit plus. Vous savez que faute de mener à bien cet album, vous devrez reprendre le circuit des clubs de Liverpool. Que faire si vous êtes vraiment *fab* ?

Vous vous présentez d'abord aux studios à 10 heures et vous déballez vos instruments ; puis, vous vous servez du thé, du lait et des pastilles pour la gorge. Après quoi, vous vous lancez dans une des prestations les plus électrisantes de l'histoire du rock. Attaquant avec *There's a place* aussitôt suivi de *I Saw Her Standing There*, vous terminez la dixième et dernière chanson douze heures plus tard avec une version presque apocalyptique de *Twist and Shout*. Votre chanteur grippé, en sueur et nu jusqu'à la ceinture, se retrouve la gorge en feu.

Quarante ans plus tard, en ces jours d'enregistrements à plusieurs pistes et assistés par ordinateur qui peuvent s'étendre sur toute une année, cette séance d'un jour chargée d'émotion et enregistrée sur le vif demeure légendaire. Mais ce stupéfiant «état d'alerte» a caractérisé les Beatles tout au long de leur carrière. Ne se contentant jamais de «se pointer» au travail, ils étaient toujours prêts, aptes et disposés à appliquer toute leur énergie à être exceptionnels, voire explosifs. De fait, après leur performance nocturne de *Twist and Shout* aux studios EMI d'Abbey Road, l'équipe d'ingénieurs du son leur fit une ovation, marquant ainsi leur appréciation de l'effort colossal déployé par les quatre Beatles.

Lors de l'enregistrement de leur premier album, l'ardeur du groupe est palpable. Nos quatre musiciens avaient de bonnes raisons d'annuler cette séance d'enregistrement ou d'y mettre fin à une heure décente, mais retroussant leurs manches, ils donnèrent la prestation de leur vie!

En cette ère de droits, «faire tout ce qu'il faut» pour atteindre ses objectifs est une attitude plutôt rare. Tel est le secret des Beatles; que ce soit aussi le vôtre.

Comment auriez-vous géré la situation? Comment gérez-vous le travail requis pour atteindre vos objectifs? Si vous abdiquez trop vite, c'est peut-être que vos objectifs ne sont pas une source de motivation suffisante. Il s'agit peut-être d'en concevoir de nouveaux, plus excitants cette fois, qui vous motiveront à donner *tout ce qu'il faut*.

NE JAMAIS RENONCER À VOS RÊVES

« Yes I will, I'll get you in the end... »
(*I'll Get You*, 1963)

Puisque nous étudions l'art *beatlesque* de se fixer des objectifs, montons d'un cran pour découvrir précisément ce qui sépare le blé de l'ivraie, ce qui distingue l'homme de l'enfant ou les Beatles des Freddie and the Dreamers. Oui, me direz-vous, j'ai quelques rêves couchés par écrit ; j'ai même commencé à me fixer des objectifs réalistes. Et je suis prêt à faire *tout ce qu'il faut* pour les réaliser. En êtes-vous absolument sûr ?

Une fois que nos amis avaient décidé de réaliser leur rêve de « surpasser Elvis », pas question de faire machine arrière. Finis l'indécision, le doute ou le regret ; pas question d'abandonner, quoi qu'il arrive. En prenant cette décision, il va sans dire qu'ils se traçaient littéralement une route aussi longue que difficile. Voyons à quel point les Beatles se vouaient à la réalisation littérale de leurs rêves :

- De 1960 à 1966, ils ont accumulé un total de 1 400 spectacles, soit 233 en moyenne par année.

- Le groupe adhérait à un programme serré d'enregistrement : quatre 45 tours et deux albums – soit une trentaine de chansons – par année, durant la *Beatlemania*. De 1964 à 1966, les Beatles ont lancé douze albums en Amérique et cinq en Grande-Bretagne.

- Durant les mois d'août et septembre 1964, lors de sa seconde tournée américaine, le groupe parcourut près de 36 000 kilomètres. Ce qui revient à soixante heures et demie de vol couvrant vingt-quatre villes canadiennes et américaines pour un total de trente et un spectacles.

- En moins de six mois, en 1966, les Beatles ont visité et joué dans cinquante villes sur quatre continents.

Revoyons comment, d'année en année, les Beatles ont fait tout ce qu'il fallait à un rythme époustouflant :

- *1963 :* Ils enregistrent trente chansons, dont les albums *Please Please Me* et *With the Beatles*, ainsi que les 45 tours *She Loves You* et *I Want to Hold Your Hand*. Ils jouent à *Sunday Night at the London Palladium*, devant 20 millions de téléspectateurs, et à *Royal Command*

Performance pour la reine d'Angleterre, sans oublier une tournée européenne.

- *1964 :* Le groupe enregistre trente-cinq chansons pour les albums *A Hard Day's Night* et *Beatles for Sale*, ainsi que plusieurs 45 tours. Ils jouent au *Ed Sullivan Show* pour quelque 73 millions de téléspectateurs. Ils entreprennent une tournée mondiale et un film, *A Hard Day's Night*.

- *1965 :* Les Beatles enregistrent trente-cinq chansons pour les albums *Help!* et *Rubber Soul* ainsi que de nouveaux 45 tours, sans compter une autre tournée mondiale. Ils tournent dans un second film : *Help!* Commencé le 12 octobre, l'enregistrement de l'album *Rubber Soul* se termine le 15 novembre, un exploit.

- *1966 :* Les *Fab Four* enregistrent dix-neuf chansons, dont l'album *Revolver* et le 45 tours *Paperback Writer*. Une nouvelle tournée mondiale est amorcée. L'enregistrement d'un nouveau 45 tours à double face A (c'est-à-dire deux chansons de première qualité) – *Strawberry Fields Forever/Penny Lane* – commence en décembre.

- *1967 :* Le groupe enregistre vingt-cinq chansons, incluant les 33 tours *Sgt. Pepper's Lonely Hearts Club Band* et *Magical Mystery Tour*, et tourne le film du même nom que ce dernier. L'enregistrement des chansons de *Magical Mystery Tour* commence quatre jours après que le groupe eut terminé *Sgt. Pepper*, celui du 45 tours *All You Need Is Love*, quelque cinq semaines après *Sgt. Pepper*. Les Beatles jouent d'ailleurs *All You Need Is Love* devant 400 millions de téléspectateurs grâce à une diffusion planétaire par satellite.

- *1968 :* Les *Fab Four* enregistrent trente-sept chansons pour l'album *Double-Blanc* et ils travaillent sur le film *Yellow Submarine* et sur les chansons qui l'accompagneront. Ils enregistrent *Hey Jude*, plus vingt-trois *démos* pour le *Double-Blanc* en un jour (le 30 mai) au studio de

George, ils démarrent leur propre entreprise (Apple Corps Ltd.) et ils réalisent les disques de plusieurs artistes signés par Apple.

- *1969*: Les Beatles enregistrent vingt-neuf chansons, dont les 33 tours *Let It Be* et *Abbey Road*, ils tournent le film *Let It Be* et ils entreprennent différents projets individuels.

«Nous n'arrêtions jamais!», dit Ringo en évoquant les débuts du groupe. «Si nous étions à Elgin (Écosse du Nord) un jeudi et qu'il fallait être à Portsmouth (Angleterre du Sud) le lendemain, nous faisions tout le trajet en auto, car on ne savait pas s'arrêter. Certains soirs de brouillard, on ne couvrait qu'un kilomètre à l'heure, mais on n'arrêtait pas pour autant».

Paul cite un autre exemple de l'intense détermination du groupe quant à la réalisation de ses objectifs: «Je me souviens qu'un jour le pare-brise de la camionnette se trouva défoncé. Mal Evans (leur chauffeur en tournée) retourna son chapeau et repoussa le pare-brise d'un bon coup de poing. Puis nous sommes repartis. C'était l'hiver en Angleterre et il faisait un temps glacial. Transis de froid, on se pelotonnait l'un contre l'autre pour se réchauffer».

Une interview réalisée lors de la première tournée américaine des Beatles en 1964 révèle leur attitude aussi sérieuse que déterminée:

Question:

«Êtes-vous déçus que vos *fans* vous obligent à passer une grande partie de votre temps en réclusion pendant votre tournée américaine?»

George:

«À chaque tournée, on s'attend à demeurer en réclusion et à ne pouvoir guère visiter les villes.»

John (d'un ton mordant) :

« Parce qu'on est là pour travailler. »

En effet, ils étaient là pour travailler. Alors que la *Beatlemania* faisait déjà fureur depuis dix-huit mois au Royaume-Uni, les Beatles atterrissaient à Londres le 22 février 1964, après leur conquête en dix jours de l'Amérique (deux *Ed Sullivan Show* et trois spectacles). Le lendemain même, ils enregistraient six chansons en direct et trois saynètes pour l'émission *Big Night Out*. Après un jour de congé et une semaine avant que ne commence le tournage de *A Hard Day's Night*, le groupe se rendait aux studios d'Abbey Road pour enregistrer des chansons pour le film.

Un incident peu connu survenu lors du tournage de *Let It Be*, en 1969, sur le toit de Apple, démontre bien la détermination des Beatles. Après cette prestation aussi émotionnelle que culminante, le groupe descendit aussitôt pour filmer la version finale de *Let It Be, Two of Us* et *The Long and Winding Road*. Ce concert sur le toit devait être épuisant : ils n'avaient pas joué en direct depuis des années, ils étaient sur le point de se séparer – une situation stressante, voire envenimée –, le temps était glacial et la police menaçait de les arrêter s'ils ne cessaient pas de jouer. Mais, pour les Beatles, tout ça faisait partie de la routine.

Leur empressement à faire tout ce qu'il fallait pour réaliser leur rêve est au cœur même de l'héritage des Beatles, comme le révèle tout le travail accompli au cours de leur carrière. Une formule simple s'applique ici : plus grand est le rêve, plus grande sera la quantité de travail à abattre.

À première vue, la quantité de travail requise pour réaliser votre propre rêve peut paraître accablante. Mais rappelez-vous les propos de Paul et voyez le chemin du succès comme des « échelons à gravir ». Quand on gravit un échelon – si petit soit-il – dans un but précis, même un rêve fabuleux peut s'avérer faisable. Personne ne peut se propulser d'un bond au sommet de la tour Eiffel, mais on peut y parvenir en montant les marches une à une. Un populaire exercice bouddhiste consiste à marcher aussi lentement que possible afin de se concentrer sur la plus infime progression. Focaliser sur le prochain petit pas à franchir, à l'instar des Beatles, fait du but à atteindre une entreprise aussi agréable que réalisable. Pourquoi se laisser abattre par l'immensité du rêve convoité ?

ÊTRE TOUJOURS PRÊT

« *All together now...* »

(*All You Need is Love*, 1968)

Penchons-nous sur l'« état de préparation » perpétuel des Beatles, toujours prêts pour les épisodes les plus marquants de leur carrière.

Dans ce contexte, un exemple peu cité serait le petit discours de John à la prestigieuse Royal Command Performance, en novembre 1963, devant la reine d'Angleterre et d'autres membres de la famille royale. Bien que plusieurs croient qu'il s'agissait de paroles impromptues, il n'en est rien. En fait, la phrase lapidaire de John : « Que ceux qui occupent les sièges à prix réduit battent des mains ; que les autres agitent leurs bijoux », consternait Brian Epstein, car John avait menacé en plaisantant de pimenter sa remarque d'une interjection explicite. À la grande joie de leur gérant, John eut la sagesse de n'en rien faire lors de cette soirée capitale.

Et que dire de George ? Grippé dès leur premier séjour aux États-Unis, il se tira d'affaire avec une aisance apparente lors de la conférence de presse initiale du groupe à l'aéroport John F. Kennedy ; en moins d'un jour, rétabli et souriant, il était prêt à jouer devant les 73 millions de téléspectateurs du *Ed Sullivan Show*. Pareil rétablissement sous pression intense ne peut survenir que lorsqu'on est fin prêt.

Sur une note plus quotidienne, l'«état de préparation» était un facteur intégrant de l'aisance avec laquelle les Beatles vivaient dans l'œil du cyclone qu'était la *Beatlemania*. Voici une liste des exigences que recevaient les promoteurs quelques mois avant un spectacle des Beatles :

- Au moins cent policiers en uniforme pour assurer la sécurité.
- Une chaîne haute-fidélité dotée d'un nombre suffisant de haut-parleurs.
- Quatre microphones haute-fidelité sur pied dotés chacun de 40 pieds (12,2 m) de câble.
- Un ingénieur du son compétent.
- Une scène d'au moins 25 pieds carrés (8,6 m²) de superficie et 5 pieds (1,52 m) de hauteur.
- Des loges propres et adéquates.
- Quatre petits lits pliants, quatre miroirs, une glacière, une télévision portative et des serviettes propres.
- Deux limousines Cadillac avec air climatisé, si possible.

Nat Weiss, l'avocat des Beatles durant les années de la *Beatlemania*, explique pourquoi il était nécessaire d'élaborer cette liste bien avant une tournée : «C'était une question de nécessité et non d'ego. Nous savions qu'une fois le groupe à l'intérieur (des loges), il ne leur serait plus possible d'aller et venir à leur guise ; il leur faudrait rester là, et ce, peut-être pendant de longues heures.» À vrai dire, il était fondamental pour le groupe de bien se préparer.

Êtes-vous méthodique quand vous vous fixez des objectifs ? De toute évidence, rêver, se fixer des objectifs et travailler dur sont des ingrédients essentiels. Les Beatles savaient bien que d'être préparé – tant au niveau émotif que physique – fait également partie intégrante du processus. Êtes-vous prêt à tout impondérable qui pourrait contrarier votre tentative d'atteindre votre objectif ?

NE PAS SE LAISSER DISTANCER PAR SON RÊVE

« Baby, now you're movin' way too fast... »

(*Slow Down*, 1963)

Une expression du monde des affaires sert à évaluer la performance d'une entreprise quand il s'agit de créer puis de livrer un produit fini au public. Ce «temps pour commercialiser» s'avère crucial puisque la compétition vise souvent le même objectif. Or, cela ne posa jamais de problèmes aux Beatles. Le groupe allait trop vite. À peine quatre ans s'étaient écoulés entre l'enregistrement de *Love Me Do* et le lancement de *Strawberry Fields Forever;* leur évolution musicale n'en fut pas moins presque quantique. L'impatience étant inhérente à la conscience *beatlesque*, ils aspiraient sans cesse au changement, à la croissance, à l'évolution, à remplacer l'ancien par le neuf.

Paul se souvient de cette folle allure: «L'enregistrement de l'album *Please Please Me* n'a requis qu'un jour (douze heures pour être précis)... C'était donc extrêmement peu coûteux, pas de perte de temps, juste un effort colossal de notre part. Mais nous ne demandions pas mieux. Ciel! Nous avions joué à Hambourg, restant debout toute la nuit, ce n'était pas un problème. Nous commencions à dix heures du matin et finissions à vingt-deux heures – ce qui nous semblait être une journée normale de travail! Et nous avions un album à la fin de la journée. Nombreux sont ceux qui aimeraient pouvoir en dire autant aujourd'hui, moi le premier!»

De fait, le groupe répéta pratiquement le même exploit avec le 33 tours *Sgt. Pepper*, qu'ils réalisèrent entièrement en l'espace de quatre mois. Comparez cela avec les normes actuelles de l'industrie qui veulent qu'un artiste à succès prenne une année entière pour enregistrer un nouvel album et qu'on dépense des millions sur la production et la promotion.

De plus, le groupe tourna le film *A Hard Day's Night* en 1964 pour moins de 350 000 $ en quelque sept semaines. Ne cherchez même pas à établir un rapport avec les productions cinématographiques d'aujourd'hui qui exigent un an de tournage et un budget de 100 millions de dollars. « C'était la confusion. Personne n'avait le temps de considérer ce qu'il faisait, mais le rythme affolant de ce tournage fut un avantage », nous dit Richard Lester, réalisateur du film.

Travailler à pareil rythme ne posa pas de problèmes aux Beatles, comme l'explique Paul : « Sept ou huit semaines représentaient une longue période dans notre vie, l'équivalent d'une année. Nous aurions pu faire une ou deux tournées, composer quelques chansons et graver un album, entre autres. Mais pour ceux qui travaillaient sur le plateau, c'était une période relativement courte. N'y connaissant rien, on pensait : *Que c'est long !* »

Pourquoi tant de hâte ? United Artists et la maison de disques des Beatles craignaient de perdre leur investissement si le groupe atteignait son apogée avant la sortie du film. *A Hard Day's Night* n'en est devenu le titre officiel que le 13 juillet 1964. Et dès le lendemain matin à 8 h 30, John et Paul jouaient dans leur loge pour le producteur du film – Walter Shenson – la version finale de la chanson qu'ils enregistraient deux jours plus tard. Richard Lester affirme qu'ils répétèrent l'exploit pour leur second film : la chanson *Help !* fut écrite et enregistrée en moins de trente heures après le choix du titre.

Paul résume bien la détermination des Beatles à faire tout ce qu'il fallait pour livrer leur musique à leur auditoire dès que possible : « Je pense que les Beatles étaient *en feu*; je ne trouve pas d'autre mot. Pas question de contretemps;

nous avions une entente tacite, nous visions tous le même objectif. »

John fournit un compte rendu honnête du dur labeur requis pour atteindre le but convoité : « Ne pensez-vous pas que les Beatles ont donné tout ce qu'ils avaient pour être les Beatles ? C'est toute une partie de notre jeunesse qui fut gommée. On travaillait vingt-quatre heures sur vingt-quatre pendant que tout le monde se la coulait douce. » La preuve : le soir du 23 août 1962, jour où John épousa Cynthia Powell – qu'il avait rencontrée à l'École des beaux-arts – il jouait à Chester, ville sans envergure d'Angleterre. Pour les Beatles, les lunes de miel pouvaient attendre, mais pas leurs objectifs !

Je ne suggère pas ici de sacrifier votre nuit de noces pour vos objectifs ; mais les Beatles avaient résolu d'assumer les responsabilités inhérentes à leur rêve une fois celui-ci mis en branle.

Êtes-vous prêt à garder l'objectif en vue tout en poursuivant vos rêves les plus fous ? « *Yeah !* », répond la sagesse *fab*.

LE POUVOIR D'UN INCUBATEUR PERSONNEL

« Mach Schau ! Mach Schau ! »

(« Donnez-nous un spectacle ! On veut un spectacle ! », criait la foule venue voir les Beatles jouer pendant six à huit heures en Allemagne.)

Ouf ! Un instant ! Pensons-y bien. Comment se pousser à faire comme les Beatles ? Où trouver l'endurance – la détermination, la force, l'énergie – requise pour ce faire ?

Leur séjour filmé de 1960-61 à Hambourg, où ils jouaient dans un club, nous offre quelques indices. Cet intervalle transforma les Beatles de groupe rock amateur miteux en machine à spectacle de classe mondiale. C'est là que nos quatre déterministes vêtus de cuir devinrent non seulement des artistes invétérés, mais qu'ils apprirent aussi à survivre. Hambourg fut l'incubateur qu'il leur fallait précisément pour développer la force, l'endurance et la ténacité nécessaires pour pouvoir survivre à la *Beatlemania*.

Le chapitre 5 nous dévoilera l'art sans prix qui résulta de l'interaction du groupe avec les artistes/photographes Astrid Kirchherr, Klaus Voorman et Jurgen Vollmer, ce qui les aida à présenter une image unique d'eux-mêmes au monde. Mais pour l'instant, considérons l'impact d'Hambourg en tant qu'épreuve de feu.

Au fil de cinq séjours en Allemagne sur une période de deux ans, on estime que les Beatles se sont retrouvés sur scène environ huit cents heures. Décrivant cette expérience, Paul disait en 1963 : « Dans notre ville natale de Liverpool, on ne jouait qu'une heure sur scène ; de sorte qu'on reprenait encore et toujours nos meilleures chansons. Alors qu'à Hambourg, il nous fallait jouer huit heures par soir ; on devait donc trouver une nouvelle façon de jouer. »

C'est-à-dire, entre autres, transformer leur simple spectacle de *rock and roll* en un événement stimulant pour les foules, soir après soir. Gorgés de bière et d'amphétamines, et débordants de pure ardeur frénétique, ils frappaient du pied, criaient à tue-tête et feignaient de se battre, tout ça en réponse aux cris de « Mach Schau ! Mach Schau ! » de la foule ivre.

Ces quatre jeunes surmenés trouvaient leur seul réconfort dans le sommeil. Hélas, leur appartement se trouvait directement derrière l'écran de cinéma du club où ils travaillaient, avec lits superposés et drapeaux britanniques en guise de draps, sans oublier les rats et les cafards.

Mais quand les *Fab Four* sont retournés jouer dans leur ville natale, en 1962, le changement était notable dans leur prestation. Les *fans* se mirent à crier pour la première fois et des files d'attente se formèrent à la porte des clubs dès la veille d'un spectacle. Les Beatles ont tous insisté sur le fait que l'expérience acquise à Hambourg leur a conféré la ténacité et la force d'apprivoiser tout ce que le monde leur décochait.

Tout en poursuivant vos propres rêves, songez à créer votre incubateur personnel. Ceci peut sembler évident pour certaines tâches : les nombreux tests que doit réaliser un programmeur avant de lancer un logiciel sur le marché ou les essais d'autos que doit effectuer le technicien à l'aide de mannequins avant d'en permettre la production et la vente.

Imaginons que vous vouliez être humoriste. D'accord, vous faites se tordre de rire tous vos collègues. Or, se présenter sur une vraie scène devant des étrangers est une tout autre histoire. C'est pour de bon. Mais seul ce genre d'incubateur – où vous pourrez polir votre numéro, apprendre d'autrui et établir un réseau de contacts dans l'industrie – vous permettra de marcher sur les traces des Beatles.

Peut-être songez-vous à retourner à l'université pour obtenir votre diplôme d'enseignement. De toute évidence, la détermination et le temps nécessaires pour l'acquérir vous procureront la peau de l'ours. Mais allez plus loin. Avez-vous pensé au grand jour où vous serez devant trente à quarante personnes à qui vous devrez enseigner de façon à vraiment les toucher et les inspirer ? Pourquoi ne pas faire un peu de bénévolat pour commencer et donner le temps à votre talent d'enseignant de briller ? Songez à quel point un incubateur vous aiderait à exercer vos rêves, au même titre que les Beatles à Hambourg.

FAIRE PREUVE DE COURAGE

« You Can't Do That »

(*A Hard Day's Night*, 1964)

L'expérience d'Hambourg conféra un autre atout aux Beatles : l'esprit guerrier. Ayant survécu aux heures exténuantes vécues à l'étranger avec peu d'argent ou aucun, armés de leurs seuls talent et intelligence, vous pouvez être sûr qu'après cela plus jamais personne n'eut l'occasion de leur donner des ordres ou de les exploiter. Pas question !

«Au début, nous étions quatre garçons donnant toute leur énergie à une entité appelée Beatles, et nous nous *battions*, disait Ringo quelques années plus tard. John et Paul se battaient pour nos chansons, et nous y mettions toute notre énergie. Et rien n'aurait pu s'interposer». La détermination devint la marque des Beatles, car presque à chaque pas, quelconque autorité voulait qu'un élément de leur rêve soit réalisé autrement.

Le premier combat qu'ils durent livrer surgit après leurs séances initiales d'enregistrement avec George Martin. Quoique *Love Me Do* ait rejoint le Top 20, Martin – un réalisateur expérimenté – voulait qu'ils reprennent une chanson de Mitch Murray, auteur de chansons pop dont *Hitchin' a Ride* et *Billy Don't Be a Hero*.

Il s'agissait de *How Do You Do It* – cette chanson si entraînante aux paroles peut-être trop « songées » : «You give me a feeling in my heart, like an arrow passing through it» (Avec toi, j'ai la sensation qu'une flèche me traverse le cœur.) – qui ne reflétait pas toute l'honnêteté émotionnelle de leurs propres créations. Paul se souvient : «Nous n'aimions pas cette chanson ; nous sommes donc retournés voir George Martin pour lui dire : *C'est peut-être un numéro un, mais nous ne voulons pas de ce genre de chanson ; nous ne voulons pas nous tailler une telle réputation*».

Voilà des propos empreints de courage venant de la bouche de nos quatre novices. Mais ils avaient l'étoffe requise pour appuyer leur discours. En conséquence, un mois plus tard, après avoir donné son dû à EMI en enregistrant *How Do You Do It* dans le style Beatle, ils ont fait asseoir George Martin sur son tabouret puis ils lui ont joué *Please Please Me*. Martin savait aussitôt qu'il détenait son premier numéro un avec les Beatles. *How Do You Do It* ne sortit jamais sur disque par les Beatles.

«Nous l'emportions parfois contre George Martin», fait remarquer Paul. «Citons à titre d'exemple, *She Loves You*, qui se termine par un accord de sixte, ce qui fait très jazz, Martin disait : *Vous ne pouvez pas faire ça ! Un accord de sixte ? Ça fait trop jazz.* Et nous de répondre : *Non, c'est très accrocheur; il faut le faire !*» Ce genre d'assurance, lorsqu'on est contesté par autrui, ne naît qu'après avoir traversé l'épreuve de feu.

Un autre combat continu naquit d'un élément aussi banal que la diction des Beatles. En Angleterre, un quasi-système de caste donne aux vrais citadins britanniques une raison de se moquer de l'accent nordique du groupe. Mais on n'allait pas refaire les Beatles. Prévalant contre tous, leur accent de Liverpool finit par charmer le monde. «Nous sommes les premiers chanteurs de classe ouvrière qui ne renièrent pas leurs origines», disait John. Nous n'avons pas cherché à modifier notre accent, qui doit être dénigré en Angleterre encore à ce jour, selon toute probabilité.» Même après des années de gloire, ils devaient encore s'opposer aux opinions des autres sur ce à quoi devait ressembler leur succès. Walter Shenson, le producteur du film *A Hard Day's Night*, se souvient d'un appel des représentants américains de United Artists (distributeur du film) insistant sur le fait que les voix du groupe soient doublées par des «professionnels». Une fois de plus, les Beatles durent résister.

Arrêtons-nous un instant sur les pochettes de leurs albums. Désormais considérée comme l'une des présentations les plus créatrices de l'histoire du disque, celle de *With the Beatles* ne révèle que la moitié des quatre visages du groupe. Les agents d'EMI ne manquèrent pas de la critiquer, la qualifiant d'«odieusement sans humour». Un cadre en marketing disait : «Qu'y a-t-il d'amusant là ? Pourquoi cet air si rébarbatif ? Nous désirons projeter une image heureuse des

Beatles pour des *fans* heureux!» Le groupe dut défendre avec acharnement leur idée avant d'avoir gain de cause. Ce fut le courage né de leur propre détermination et de leur entendement intérieur qui aida les Beatles à garder le contrôle sur leurs objectifs.

Quant à la pochette de *Sgt. Pepper* – où l'on voit des douzaines de héros et des célébrités triés sur le volet par les Beatles –, elle consterna à ce point la direction d'EMI et Brian Epstein que celui-ci, dans sa dernière fonction officielle en tant que gérant du groupe, rédigea une note personnelle leur demandant que l'album soit distribué dans «des papiers d'emballage bruns».

Paul affirme que Sir Joseph Lockwood, président d'EMI, se présenta en personne chez lui et s'exclama: «Tous ces gens vont nous créer des ennuis, car ils ont des droits sur leur image qui ne peut pas juste figurer sur une pochette de disque. Ils vont nous poursuivre en justice! Nous aurons des procès jusqu'au cou!»

«Pas si vous les appelez tous pour leur demander la permission! L'avez-vous fait?», se défendit Paul. «Non», répondit Lockwood. Paul dut décrire toutes les dispositions que devait prendre EMI: «Appelez Marlon Brando ou son agent, et dites-lui: *Les Beatles aimeraient mettre sa photo entre autres sur la pochette de leur album, en guise d'hommage à tous ceux qui y figureront. Expliquez-leur ce dont il s'agit!*» Encore là, les Beatles furent victorieux après un dur combat. La pochette de *Sgt. Pepper's Lonely Hearts Club Band* est probablement la présentation la plus originale, la plus influente jamais créée.

La foi des Beatles en leur propre vision eut un profond impact sur l'industrie mondiale du disque. Au début, les *Fab Four* s'étaient soumis à la pratique classique de réenregistrer la partition vocale de leurs gros succès en d'autres langues. Ainsi, avaient-ils refait *I Want to Hold Your Hand* et *She Loves You* en allemand. Mais ils se lassèrent vite de cette pratique artificielle. Malgré une certaine pression, ils décidèrent d'y mettre fin. Ce geste suffit à lui seul à précipiter la fin de cette pratique. Plus important encore, la promotion pratiquement mondiale de la langue anglaise – un des exploits les plus substantiels mais peu documenté des Beatles – en résulta.

Jusqu'où êtes-vous prêt à aller pour défendre votre rêve? Combien de fois vous surprenez-vous à dire: «Il faut choisir ses batailles» et à renoncer à quelque élément crucial d'un objectif? La prochaine fois, faites comme les Beatles: laissez votre cœur énoncer la vérité en laquelle vous croyez. Vous serez étonné des résultats. Très souvent, la personne ayant «une autre vision» de ce qui vous tient à cœur se dégonflera devant votre cran, votre courage. Elle dira: «D'accord, faisons comme vous dites!»

GOÛTER LES FRUITS DE SON TRAVAIL
« A Taste of Honey »
(*Please Please Me*, 1963)

Suivant la voie tracée par les Beatles, il est évident que le travail, la ténacité et les combats âprement disputés sont des éléments essentiels lorsqu'ils s'agit d'atteindre «le plus haut des sommets de la gloire». Considérons l'envers de cette stratégie. Permettons-nous un instant de spiritualité: Jésus aimait dire à ses disciples: «L'homme ne se nourrit pas que de pain». Cette parole de l'Évangile était certes vraie pour les Beatles.

En conséquence, le groupe a joui des fruits de son travail à un degré très élevé. Tous ont acheté d'imposantes résidences dans des régions huppées d'Angleterre, ainsi que des vêtements, des œuvres d'art et des voitures de luxe. En fait, la célèbre Rolls-Royce de John, qu'il fit peindre de motifs psychédéliques – avec fleurs sur les portes et signes du zodiaque sur le toit –, lui coûta 25 000 $, une fortune dans les années

60. George acheta plusieurs voitures de luxe dont une Ferrari, une Porsche, une Lamborghini, une Rolls-Royce, une BMW et une Mercedes. Paul dépensa des milliers pour acheter à son père un célèbre cheval de course gagnant appelé Drake's Drum. Lorsqu'il lui en présenta une photo encadrée, son père crut d'abord que c'était son cadeau. Mais à sa grande surprise, Paul s'exclama : « Non, papa ! Je t'ai acheté le cheval ! »

De plus, dès qu'était terminée une séance d'enregistrement épuisante – généralement aux petites heures du matin –, tous les quatre faisaient la fête dans les clubs de nuit de Londres. Mais John et Paul devaient satisfaire une muse plus artistique. Les deux étant attirés par la scène artistique londonienne d'avant-garde des années 60, ils visitaient souvent leur galerie d'art préférée, Indica, où John rencontra Yoko en 1966. Paul aimait tant l'endroit qu'il s'y livrait parfois à des travaux de menuiserie, de peinture et de recouvrement d'enduit.

Les Beatles appréciaient aussi le fait que leur célébrité leur permettait de participer à des projets pas directement liés au groupe. Paul et George composèrent et réalisèrent des trames sonores : Paul pour *The Family Way*, un film qui mettait en valeur les talents d'Hayley Mills, et George pour *Wonderwall*.

John et Ringo tentèrent leur chance au cinéma, John trouvant aussi le temps d'écrire et de publier deux livres d'art et de poésie. « J'avais une attitude professionnelle quant à l'écriture de chansons pop », disait John, mais pour m'exprimer (pleinement), j'ai écrit *A Spaniard in the Works* et *In His Own Write* (qui comportaient) des récits exprimant mes émotions personnelles. »

À l'apogée de la *Beatlemania*, l'intérêt de George pour l'hindouisme l'amena souvent à voyager en Inde pour y étudier auprès de différents *gurus* et musiciens accomplis. Son profond attachement à l'hindouisme subsista jusqu'à sa dernière heure. De fait, en 1997, George produisait un des plus grands *best-sellers* de Ravi Shankar : *Chants of India*.

Dans l'esprit des Beatles, après avoir réalisé un de vos objectifs, vous devez faire quelque chose de merveilleux pour vous-même ! Avez-vous enfin vu les résultats de la définition de vos objectifs se manifester de façon merveilleuse dans votre vie ? Avez-vous obtenu l'auto dont vous rêviez ? Ou la promotion que vous désiriez tant ? Oui ? Super ! Faites la fête ! Prenez quelques jours de congé et partez en vacances. Achetez-vous une babiole ! Comme le firent si souvent les Beatles au cours de leur remarquable carrière, célébrez !

LEURS CHÈRES MOITIÉS

« She's a Woman »

(*Help*, 1965)

Malgré la tentation d'une légion de jeunes femmes à leur entière disposition, chacun des Beatles – pour la plus grande partie de leur vie publique – fut l'« homme d'une seule femme ». En fait, à vingt-deux ans, John épousait Cynthia Powell, qu'il avait rencontrée à l'École des beaux-arts, et se retrouvait bientôt père d'un enfant au tout début des années de gloire du groupe. Après la séparation du couple, John se lia en moins de deux avec Yoko Ono, sa nouvelle muse qui, à elle seule, raviva sa passion créatrice de la fin des années 60 et fit que sa fortune atteignît de nouveaux sommets au cours des années 70.

George, lui, eut le coup de foudre pour Patti Boyd, mannequin et figurante dans *A Hard Day's Night*, qu'il épousa moins d'un an plus tard. De même, Ringo épousa Maureen Cox en 1965, après lui avoir fait la cour pendant plusieurs années. Paul, quant à lui, fut longtemps amoureux de l'actrice anglaise Jane Asher, qui lui fit connaître la scène avant-gardiste de Londres. Grâce à son éducation aristocratique, Jane put également enseigner, à un Paul quelque peu naïf, l'art de vivre avec autant d'élégance que de sophistication.

Sa rupture avec Jane fut suivie de près par sa rencontre avec Linda Eastman, avec qui il fut marié pendant trente ans. Paul a maintes fois déclaré publiquement que Linda l'avait revivifié après la dissolution des Beatles, l'inspirant à poursuivre sa carrière musicale, qui connut un autre vingt ans de succès avec son groupe Wings et son héritage solo des années 70 et 80.

Y a-t-il quelqu'un dans votre vie? Cette personne – épouse ou mari – est-elle en harmonie avec vos rêves? Si vous ne recevez pas tout l'appui requis pour réaliser vos rêves, peut-être est-il temps que vous voyiez du même œil cette question de la plus haute importance. Les femmes qui firent partie intégrante de la vie des Beatles ont fait plus que leur tenir compagnie : elles étaient beaucoup plus que de simples ménagères, cuisinières ou amoureuses. Indépendantes, elles ont souvent inspiré – ou directement collaboré à – plusieurs chansons importantes des Beatles. Vivre comme les Beatles revient à s'ouvrir à un amour et à une relation qui vous donneront pleins pouvoirs pour atteindre vos rêves.

VOUS ÊTES LE CINQUIÈME BEATLE! – *LES OBJECTIFS*

Voici quelques exercices qui, à l'exemple des Beatles, vous aideront à vous assigner des objectifs et à les atteindre :

- *Mach Schau! Mach Schau!* Maintenant – à l'instant même – levez-vous et faites jouer la chanson rock la plus bruyante des Beatles dans votre discothèque. Peut-être est-ce *Twist and Shout* ou *Roll Over Beethoven* ou encore *Long Tall Sally*. Chantez-la à tue-tête! Éclatez-vous! Dansez dans la maison ou l'appartement comme le faisaient si souvent les jeunes Beatles sur scène à Hambourg. Ceci vous aidera à vous défaire de toute inhibition avant de commencer à vous fixer des objectifs.

- Demandez-vous quel est votre objectif le plus irrésistible. Qu'est-ce qui vous exciterait assez pour que vous agissiez selon un plan d'action ? Le premier objectif des jeunes Beatles n'était pas compliqué – c'était l'argent. Mais pour vous, ce sera peut-être une nouvelle auto, une nouvelle relation ou un emploi gratifiant. Quels que soient vos objectifs, dressez-en la liste et décomposez-la en des étapes progressives.

- Comme les Beatles, vos objectifs forment-ils une suite d'échelons à gravir ? Revoyez votre liste. Vos objectifs sont-ils réalisables ? Serez-vous disposé à continuer d'évoluer même après avoir atteint vos premiers objectifs ? Ne devenez pas trop complaisant !

- Êtes-vous prêt à faire *tout ce qu'il faut* pour atteindre vos objectifs ? À quel point êtes-vous prêt à entreprendre la matérialisation de vos rêves ? Êtes-vous physiquement apte à accomplir le travail requis pour leur manifestation ? Êtes-vous émotionnellement prêt à composer avec le succès ? L'échec ? Prenez très au sérieux vos objectifs et le travail requis pour les atteindre. Une attitude désinvolte n'apportera guère de succès.

- Dans quelle mesure êtes-vous disposé à préserver la pureté de votre rêve ? Êtes-vous prêt à suivre votre intuition afin de réaliser ce que vous *estimez* et *savez* être parfait pour vous et votre rêve – comme le firent si souvent les Beatles – malgré l'énorme pression contraire exercée sur vous ? Ne laissez pas les autres s'approprier votre rêve. Votre dur labeur vous rendra fort et à même de résister aux incursions d'autrui dans votre idéal.

Chapitre 3

L'ATTITUDE

Je crois que nous étions plutôt solides, car on m'a parlé de gens qui ont craqué et fait des dépressions sans avoir même vécu une fraction de ce que nous avons vécu.

George Harrison

Être *fab*, c'est avoir de la détermination à revendre. Il suffit d'écouter les propos de John Lennon en 1971 pour s'en convaincre. Son attitude saute aux yeux dès qu'on lui demande comment il a pu accomplir tant de choses malgré son jeune âge. « Parce que je l'ai *fait* ! Avez-vous déjà entendu parler d'artistes comme Dylan Thomas (le poète gallois) ou Brendan Behan (l'auteur et dramaturge irlandais), qui n'ont jamais donné toute leur mesure, mais qui furent victimes de l'alcool ? Je suis sorti de la brousse. Je ne connaissais rien. Van Gogh était ce que je connaissais de plus avant-gardiste. Même Londres n'était qu'un rêve pour nous, et Londres n'est rien du tout. Je suis sorti de la brousse pour conquérir le monde ! »

Voilà ce que j'appelle de la détermination! Et – il fallait s'y attendre – être *fab*, c'est pousser la chose un peu plus loin. C'était une intuition, une confiance absolue en soi-même. Le doute ne fit pour ainsi dire jamais partie du secret du succès des Beatles.

Il existe deux façons de réagir à une pression intense : nerveux, stressé, vous pouvez abandonner ou, comme les Beatles, trouver en vous la force de remporter l'« épreuve » pour vous retrouver carrément sur le podium. Penchons-nous sur l'attitude du groupe afin d'apprendre l'art de puiser en soi cette force intérieure.

SURMONTER LA PEUR DE L'INCONNU

« Tomorrow Never Knows »

(*Revolver*, 1966)

Deux principes essentiels forment l'attitude des Beatles pour exceller lorsque soumis à une pression intense. John aborda l'un d'eux quand on lui demanda pourquoi les gens ont du mal à poursuivre activement leurs rêves. « C'est *la peur de l'in-connu*, répondit-il, mais l'inconnu est *la réalité*. Cette peur est ce qui incite tout le monde à poursuivre des illusions à toute vitesse. Guerre, paix, amour, haine – tout ça n'est qu'illusion. *L'inconnu est réalité*. Acceptez que tout est inconnu et ça ira comme sur des roulettes. Sachez que tout est inconnu et vous menez le peloton. »

Certains diront peut-être que le fait d'adopter une atti-tude n'est qu'un idéal philosophique, sans rapport avec quelque méthodologie du succès. Songez toutefois aux bien-faits tangibles du conseil de John. Si vous admettez qu'à chaque tournant surgit l'inconnu, cela pourrait chambarder votre peur du changement. Cela signifierait peut-être que vous n'auriez rien à perdre en poursuivant votre rêve – car si vous y pensez vraiment, qu'est-ce qui vous fait hésiter? Est-ce quelque chose de tangible? Ou est-ce simplement votre *perception* de quelque chose d'obscur et de terrifiant qui vous guetterait au tournant?

Examinez honnêtement votre volonté de poursuivre vos objectifs. Avez-vous toujours eu peur d'échouer? De réussir? D'être blessé sur le plan physique ou émotif? Vos peurs sont-elles justifiées? Peut-être l'étaient-elles – jadis. Mais être *fab* signifie qu'au prochain tournant, l'inconnu pourrait tout aussi bien être une expérience aussi merveilleuse qu'inattendue vous apportant *joie* ou *liberté*. Pourquoi l'inconnu serait-il synonyme de peur? De toute évidence, les Beatles ne pensaient pas ainsi. Alors, pourquoi vous?

LE DÉTACHEMENT ÉMOTIF

« I'm Looking Through You »

(*Rubber Soul,* 1966)

Le second thème de l'attitude *beatlesque* est d'une simplicité déconcertante: *le détachement émotif.* Voici ce qu'en pensait George au début de la *Beatlemania*: «Nous aimons lire toute publicité nous concernant, mais il arrive qu'on ne réalise pas vraiment qu'il s'agit de nous. Tu vois ta photo et tu lis au sujet de George Harrison, mais sans vraiment penser: *Oh, c'est moi. Me voici dans les journaux!* C'est drôle, on dirait qu'il s'agit de quelqu'un d'autre».

Le détachement et l'attitude de John transparaissent clairement après le spectacle des Beatles à Washington, D.C., quatre jours après leur arrivée aux États-Unis en 1964. Montrant du doigt une caméra vidéo, un journaliste lui affirma: «John, voici votre public américain. Quarante millions de téléspectateurs américains vous regardent à l'instant!»

Complètement perplexe, John répondit: «Je ne vois qu'une personne – le caméraman».

Commentant sa propre renommée phénoménale, Paul ajouta ses réalisations sur le détachement : « Il m'arrive à l'occasion de m'arrêter pour penser : *Je suis* Paul McCartney, *que diable !* Tu sais – *Paul McCartney !* Les mots à eux seuls donnent l'impression d'une légende. Mais bien sûr, il ne faut pas trop y penser sinon ça prend le dessus. Je crois que ça vous aide à rester sain d'esprit si vous pouvez vous distancier de votre propre célébrité. Vous pouvez rentrer d'une séance d'enregistrement des Beatles et décrocher. Je ne pense pas qu'on ait eu de sérieux problèmes dans ce domaine comme certaines vedettes. »

La pression vous rend-elle émotif ? À l'instar des Beatles, ne vous prenez pas trop au sérieux et faites de même pour la pression. Lorsqu'ils travaillaient sur un projet, ils y consacraient toute leur attention, tout leur talent. Une fois la journée de travail terminée, ils lâchaient prise. La vie est trop courte pour ne pas adopter cette attitude.

SOUS PRESSION SANS PRESSION

« You've Got to Hide Your Love Away »

(*Help !*, 1965)

Si vous pouvez adopter cette attitude des Beatles – accepter l'inconnu avec un détachement émotif envers les pressions de la vie –, vous pourrez alors commencer à réaliser vos propres objectifs, et ce, sous la plus intense des pressions. En fait, pour les Beatles, c'était *sous pression sans pression*.

Ce ne fut pas une mince affaire non plus que de gagner la presse à leur cause. Contrairement à aujourd'hui, les Beatles durent composer avec la presse non spécialisée de l'époque, avec ses légions de journalistes blasés et vieillissants, confortables avec leurs scoops sur la scène politique ou criminelle et sur le dernier scandale d'Hollywood. La plupart des journalistes considéraient les Beatles comme une blague, ou tout au plus, comme des fantaisistes. La pression était considérable pour les Beatles, qui ont dû faire bonne impression lors de leur premier séjour aux États-Unis en 1964. Mais là encore, le mot d'ordre était « pas de pression sous la pression ». Ils réagirent promptement, professionnellement et apparemment sans effort. Lors de la première conférence de presse américaine du groupe, nos quatre amis semblaient parfaitement détendus bien qu'un peu échevelés. Désireux de plaire, ils surent répondre à brûle-pourpoint aux questions insipides des journalistes.

Citons ici quelques-unes de leurs reparties à l'occasion de cette célèbre conférence de presse :

Question :

« Allez-vous nous chanter une chanson ? »

John :

« Non, il nous faut d'abord de l'argent ! »

Question :

« Une de vos chansons s'appelle *Roll Over Beethoven*. Que pensez-vous de ses talents de compositeur ? »

Ringo :

« Il est génial. Surtout ses poèmes. »

Question :

« Pourquoi des millions de *fans* achètent- ils des millions de disques des Beatles ? »

John :

« Si on le savait, on formerait un autre groupe et on deviendrait gérants ! »

L'attitude *beatlesque* consistait également à charmer les rois de ce monde et l'élite politique. Chaque ville ou chaque nation que visitèrent les *Fabs* avait son lot de gros bonnets qui ne désiraient rien de moins que de voir leur nom associé à celui des Beatles ; ils furent rarement déçus.

Comment vous comporteriez-vous lors de rencontres avec des personnages de marque, des journalistes sceptiques ou une foule de *fans* se ruant sur vous pour obtenir un autographe ? Seriez-vous *fab* – toujours armé d'une remarque piquante et d'un sourire radieux ?

D'accord, on ne vous demandera peut-être pas d'autographe, ce qui ne vous empêche pas d'adopter cette attitude envers votre travail de tous les jours. Vous aimeriez avoir une promotion ? Faites comme les Beatles : affichez constamment un sourire épanoui et soyez aussi positif que parfait dans vos propos, votre comportement et votre travail.

Les Beatles semblaient en réalité chercher la pression en essayant ce qui n'avait pas encore été fait. Ils furent les premières vedettes d'une émission télévisée en direct à travers le monde par satellite (*Our World*, le 25 juin 1967), où ils jouèrent la chanson *All You Need Is Love* de John devant quelque 400 millions de spectateurs répartis dans vingt-quatre pays et sur cinq continents. Ils étaient diffusés en direct, c'est-à-dire sans marge d'erreur. Mais si vous regardez leur performance, vous verrez Paul, assis, les jambes croisées ; George, assuré et digne ; Ringo, toujours souriant ; et John, mâchant calmement son *chewing-gum* tout en chantant, son corps adoptant une posture déterminée mais *relax*.

Vérifiez votre degré d'émotivité. Comment réagissez-vous quand quelque chose tourne mal ou semble décourageant ? Si vous êtes contrarié, cherchez-vous à refouler l'émotion qui monte en vous ? Et si, au contraire, tout va selon vos désirs, faites-vous comme si de rien n'était tout en progressant vers la réalisation de votre rêve ou devenez-vous prétentieux et un peu trop sûr de vous ? Le détachement émotif cohérent, l'intuition de leurs compétences et l'assurance de réaliser leurs rêves faisaient partie intégrante du pouvoir des Beatles.

FAIRE FACE À LA CONFRONTATION

« And nothing to get hung about... »

(*Strawberry Fields Forever*, 1967)

Une autre pression à laquelle les Beatles firent face avec aplomb était toute menace à leur sécurité physique. Tout a commencé par un élément aussi insignifiant que des bonbons à la gélatine. Apparemment, les *fans* avaient lu dans une revue que c'étaient les bonbons favoris du groupe. Au Royaume-Uni, ces friandises sont faites de guimauve, mais pas aux États-Unis où elles sont dures comme le roc. Lors des tournées américaines du groupe, les *fans* se mirent à lancer ces bonbons sur scène pour attirer l'attention des Beatles. Dans les films des premiers spectacles du groupe en Amérique, on voit ces bonbons rebondir sur leurs têtes et leurs visages alors qu'ils continuent bravement à sourire et à jouer comme si de rien n'était.

La prochaine fois que vous serez dans le pétrin, procurez-vous un petit support visuel : achetez-vous un sac de bonbons !

Quand on regarde les vieux films des spectacles des Beatles où ils semblent insouciants et pleins d'assurance, il est facile d'oublier qu'ils s'inquiétaient pour leur sécurité. L'assassinat récent de John F. Kennedy avait déclenché une série de morts violentes d'hommes célèbres et controversés. George Martin remarque dès 1964 des préoccupations croissantes dans ce domaine. «Avant le concert au Red Rocks Stadium de Denver, Brian et moi avons escaladé une des tours d'éclairage qui surplombaient la scène. Parvenu au sommet, une sensation de froid m'envahit. Jetant un coup d'œil à Brian, je vis sur son visage que la même pensée l'avait effleuré – un tireur embusqué pouvait abattre à loisir le Beatle de son choix. L'assassinat du président Kennedy, l'année précédente, nous avait fait réaliser que de telles horreurs étaient tout à fait possible. »

Les Beatles jouèrent à Dallas quelques mois après l'assassinat de Kennedy. Alors que les *fans* se pressaient dans la rue, le cortège d'automobiles transportant les Beatles emprunta la même route que celui des Kennedy le jour où le président avait été abattu moins d'un an plus tôt. Selon le photographe qui les accompagnait, tous les Beatles firent des remarques à ce sujet quand leur auto arriva à ce célèbre endroit. Ce qui ne les empêcha pas d'offrir sourires et signes de la main à tous les spectateurs. Le groupe joua à guichets fermés ce soir-là.

De constantes alertes à la bombe marquèrent la seconde tournée américaine des Beatles. George en raconte plusieurs dans son autobiographie, *I Me Mine* : « À l'occasion, quand nous devions sauter dans une auto pour fuir, celle-ci était prise d'assaut et le toit s'effondrait sous le poids des corps. Toutes sortes d'horreurs survinrent durant la *Beatlemania*. À titre d'exemple, au Canada, un conflit opposait les francophones aux Anglais ; les premiers voulaient donc abattre Ringo lors de notre séjour à Montréal ! Notre système nerveux en prenait tout un coup. »

George rapporte d'autres actes de violence perpétrés contre eux : « J'ai rencontré un pilote durant les années 70 à bord d'un avion faisant le trajet New York/Los Angeles. *Tu ne me reconnais pas, George*, me dit-il, *mais j'étais le pilote de l'avion de la compagnie aérienne American Flyers Electra* (qu'utilisaient les Beatles pour leurs premières tournées américaines). *Tu ne le croiras pas, mais cet appareil était criblé de balles – la queue, les ailes, tout !* » Quand je lui demandai : *Comment ça ?* il me répondit qu'à l'arrivée des Beatles, ils (les *chums* jaloux ou les *fans* un peu fous) étaient tous là, tirant sur l'avion ! »

D'accord, je ne vous demande pas d'avoir pour objectif de devenir un héros, mais remettons ce principe *fab* à sa vraie place. Peut-être vous êtes-vous inscrit à un cours de soufflage de verre pour découvrir ensuite qu'il sera donné dans un quartier mal famé de la ville. Peut-être aspirez-vous à bâtir la maison de vos rêves quand vous réalisez que vous avez quinze kilos de trop, en plus d'être en mauvaise forme. Laisserez-vous ces peurs vous arrêter avant même d'avoir commencé ? Bien sûr que non ! Vous marchez sur les traces des Beatles !

LE FACTEUR DE RISQUE

« Baby take a chance with me... »
(*Little Child*, 1963)

C'est simple : qui ne risque rien n'a rien ! Les Beatles étaient prêts à prendre de grands risques dans le cadre de leur carrière, ce qui leur permit de grandes réalisations dans le domaine artistique tout en leur permettant d'assouvir leurs rêves les plus fous. Paul explique : « Le seul fait de sortir le matin comporte un risque. Il serait plus simple de rester chez moi et d'envoyer des vidéos par la poste (pour promouvoir ses nouveaux projets musicaux). Mais je ne suis pas là pour ça. L'événement principal, c'est la vie. Je préfère sortir et courir le risque que de rester à la maison à me reposer sur mes lauriers ».

Tous les risques ne sont pas synonymes d'action. Parfois, le risque consiste à dire non. En 1964, les Beatles rejetaient la chance de faire un film sur le *rock and roll* intitulé *The Yellow Teddy Bears*. « En fait, quelqu'un d'autre allait écrire la musique et nous devions chanter ses chansons, explique Paul. Il fallait aussi céder les droits de toute nouvelle chanson incluse dans le film. Décidant sur-le-champ que c'était trop demander, nous avons rejeté cette offre pour en attendre une meilleure. » Leur instinct ne les a pas trompés. Cette « meilleure » offre s'avéra être *A Hard Day's Night*.

Et que dire du risque suivant ! En 1966, alors qu'ils jouaient toujours à guichets fermés aux États-Unis et à travers le monde, le groupe décidait de mettre fin à ses tournées. Ce qui était l'équivalent d'un suicide commercial. Mais là encore, les Beatles s'en remettaient à leur instinct. Les enregistrements réalisés immédiatement après leur dernière tournée – depuis *Revolver* jusqu'à *Sgt. Pepper's Lonely Hearts Club Band* et incluant *Strawberry Fields Forever* et *Penny Lane* – révèlent que le temps *non consacré* aux tournées fut utilisé à très bon escient.

Un risque majeur que prirent les Beatles à l'apogée de leur gloire était sans précédent : *ne pas* inclure leur nom sur la pochette de plusieurs albums. Les *Fabs* savaient que leurs *fans* trouveraient leurs nouveaux disques sans qu'ils aient à mettre leur nom en évidence comme c'est la coutume dans l'industrie. Ce qui suscita une profonde consternation chez leur maison de disques, et ce, à juste titre, car pareille omission pouvait confondre *fans* et distributeurs. Les *Fabs* lancèrent cette mode en déployant le titre *Beatles for Sale* en caractères minuscules sur la pochette de leur quatrième album britannique et en effaçant complètement le nom Beatles sur celles de *Rubber Soul, Revolver, Abbey Road* et *Let It Be*. Le *Double-Blanc* s'avéra encore plus radical : pur néant – seulement leur nom en relief délicat sur la pochette avant. Pensez-y : oublieriez-vous de mettre votre nom sur votre propre produit ?

Les Beatles continuèrent d'embrasser le risque dans leurs carrières solos. Paul affirme que le risque sous-tendait le premier projet de Wings, son groupe postBeatles. « Nous avons entrepris une petite tournée universitaire, ce qui était très dur à faire. Je ne voulais pas former un groupe célèbre, comme les autres l'avaient fait. Le risque n'était pas assez grand pour moi. J'estimais que je devais prendre plus de risques. »

Risque. Quel effet ce mot vous fait-il ? Acceptez-vous souvent la première offre qu'on vous fait lorsque vous êtes en quête d'un nouvel emploi, même si intuitivement celui-ci ne semble pas du tout faire l'affaire ? Pensez-y bien. Vos études collégiales terminées, vous avez peut-être accepté le premier emploi trouvé, lequel est désormais votre *carrière.* Pour les Beatles, dire simplement « Non merci, sans façon » était chose courante. Leur agenda comportait des objectifs arrêtés pour lesquels ils étaient prêts à attendre, des objectifs qui concordaient avec leur rêve d'ensemble.

TRAVAILLER, C'EST S'AMUSER !

« Gonna have some fun tonight... »
(*Long Tall Sally*, 1963)

Toute cette discussion sur l'attitude fait très sérieux. Considérons l'envers de l'ascension des Beatles. Plusieurs considèrent leur travail – même dans le cadre de la carrière qu'ils avaient choisie – comme une corvée, une façon de payer les factures ou pire encore, d'oublier ses rêves inassouvis.

Pas pour les Beatles. *Travailler, c'est s'amuser* quand on est *fab!* Voici la réponse que donnait John en 1971 à une question sur le sujet :

Question :

« Quand avez-vous réalisé que vous aviez surpassé Elvis ? »

John :

« Je ne sais pas. Voyez-vous, c'est différent quand ça arrive. C'est comme quand tu atteins la première place au palmarès. C'est le fait de viser un objectif qui est source de plaisir. »

Concernant l'écriture de *She Loves You*, Paul se souvient : « John et moi avons écrit cette chanson dans une chambre d'hôtel par un après-midi de congé. Dieu bénisse ces garçons qui se tuaient au travail ! Je dis un après-midi de congé alors qu'on était là à écrire ! Nous *aimions tellement ça*, ce n'était pas du travail ! »

Quant aux exigences de la *Beatlemania*, Paul dit : « C'était beaucoup de pression, mais je ne m'en souviens pas exactement. C'était plutôt *une partie de plaisir.* » Paul expose les grandes lignes de la philosophie *beatlesque* selon laquelle *travailler, c'est amusant :* « Nous ne voyons pas ça comme un métier, mais comme un passe-temps. »

Le secret des Beatles consiste à rêver en couleurs et à travailler dur à ce qu'on aime faire. Il est synonyme de succès, celui qui vous permet de dire adieu quand ce n'est plus amusant. Paul résume : « Lorsque nous sommes arrivés au Candlestick Park (de San Francisco, site de leur dernier spectacle en 1966), nous avons réalisé que ce n'était plus une partie de plaisir. » Ils sont alors passés à autre chose. Si vous vivez votre vie à l'instar des Beatles, vous aurez vous aussi cette option.

Avant de dire « non, merci », il faut y penser deux fois. Faire ce que vous aimez occupe-t-il une partie suffisante de votre temps ? Trouverez-vous une façon d'en vivre ? Tel est le secret des Beatles. Le véritable baromètre de leur travail, c'était le *plaisir.* Ils continuaient de travailler sur un projet s'ils y prenaient pleinement plaisir ; mais si celui-ci devenait ennuyant ou une corvée, ils passaient immédiatement à autre chose. Quel est le baromètre de votre vie : le devoir, la prévisibilité ou le plaisir ?

DU VRAI DANS L'ARROGANCE

« Try to see it my way... »
(*We Can Work It Out*, 1965)

Examinons de plus près un sujet qui prend la plupart des gens à rebrousse-poil, mais qui demeure un élément essentiel pour être *fab*: il y a *du vrai dans l'arrogance*. Examinons quatre commentaires, chacun émis par un *Beatle* différent.

Ringo:

> «Je n'ai plus rien à prouver, vous savez. *Je suis* le meilleur batteur rock au monde.»

Paul:

> «Vous ne réalisez pas que nous avons *toujours* été au sommet. À nos débuts à Liverpool, ou quand on jouait à Hambourg, ou à quelque niveau que ce soit, on était au sommet. À chaque niveau, nous l'étions; cela n'a donc rien de nouveau pour nous.»

George:

> «Nous avions toujours l'étonnant sentiment intérieur que *nous allions le faire!* Nous étions simplement très sûrs de nous.»

John:

> «Quand j'étais un *Beatle*, j'estimais que nous étions le meilleur groupe au monde; et d'y *croire* est ce qui a fait de nous ce que nous étions.»

Wow! Très sûrs d'eux, en effet! Naturellement, il faut avoir de l'étoffe pour appuyer des propos aussi grandioses. Mais réfléchissons davantage à cette question d'arrogance.

La plupart des peuples civilisés conviennent qu'une bonne dose d'humilité est une chose admirable, surtout chez ceux qui ont réussi leur vie. Il faut reconnaître que les Beatles ont eu leur part de succès. Ils furent d'ailleurs les premiers à admettre qu'ils étaient «chanceux, possédant talent et célébrité». Même si John a écrit *I'm a Loser* à l'apogée de la *Beatlemania*, en réalité ils étaient tous conscients de leur talent et se savaient seuls responsables des rêves qu'ils s'étaient choisis et des destins qui s'ensuivraient.

«Je m'entends parfois dire au cours d'interviews : *Je suis un homme bien ordinaire*, disait Paul en ajoutant : Mais vont-ils penser : *A-t-il vraiment dit être un homme ordinaire ?* Car les preuves du contraire sont abondantes. Nous savions être *bons*. Les gens avaient coutume de nous demander : *Êtes-vous vaniteux ?* Voilà une question difficile à laquelle il me faudrait répondre par l'affirmative, car j'estime que nous sommes bons, ce qui est certes synonyme de vanité, non ? Mais il serait stupide de prétendre le contraire. Il est si évident que la musique des Beatles est bonne puisqu'elle occupe la première place partout : elle doit donc se vendre.»

Et il n'y a rien de mal dans l'arrogance née du fait qu'on soit un fier compétiteur. Paul met sa confiance sur la table : «Je me placerais au sommet. Simplement parce que je suis un compétiteur ! Il faut travailler très dur, ce que je fais depuis Liverpool, et je ne vais pas médir de tout ça.»

«Qui d'autre y a-t-il ? Nous étions des monstres ! convient Ringo. Il y eut beaucoup de grands noms, mais très peu de monstres. Voilà la différence.»

Comme d'habitude, John fait le point : «Si d'être égocentrique revient à croire en ce que je fais, en mon art ou ma musique, alors je le suis. Je crois en ce que je fais et je le dis sans détour».

Et dans une interview de 1971 pour la revue *Rolling Stone*, quand on lui demanda s'il se croyait un génie, John révéla ce qu'il pensait de ses talents : «Oui, si les génies existent, j'en suis un. Les gens de mon calibre sont conscients de leur soi-disant génie dès l'âge de huit, neuf ou dix ans. Je me suis toujours demandé : *Pourquoi personne ne m'a découvert ?* À l'école, ne voyait-on pas que j'étais plus intelligent que quiconque ? Et que les professeurs aussi étaient stupides ? Que tout ce qu'ils possédaient, c'était de l'information dont je pouvais me passer ? J'étais perdu au secondaire. J'avais coutume de dire à ma tante : *Si tu jettes mes poèmes, tu le regretteras quand je serai célèbre.* Mais elle les a jetés quand même. Je ne lui ai jamais pardonné de ne pas m'avoir traité comme un génie quand j'étais enfant. C'était évident à mes yeux. »

Allez, avouez ! Je gage cinq dollars que vous n'auriez pas le cran de dire quelque chose qui ressemblerait un tant soit peu aux commentaires des *Fabs* – y compris Ringo – à *votre* sujet. Et c'est dommage, car vous savez – peut-être en votre for intérieur – que vous êtes bon, voire génial, dans certains domaines de votre vie. En tant que mère peut-être ? Comme jardinier ? Ou encore comme ami affectueux ? Mais si on vous le demande, je suis sûr que vous dites : « Qui, moi ? Je suis chanceux, c'est tout. »

D'accord, peut-être suis-je un peu dur avec vous au sujet de proclamer votre génie. Mais que pensez-vous de ceci ? Oseriez-vous au moins vous regarder dans la glace pour vous dire à quel point vous êtes génial ? Allez ! Faites-le ! Vous *êtes* génial ! Le miroir attend.

REJETER LE REJET

« Don't Bother Me »

(*With the Beatles*, 1963)

Penchons-nous sur une autre attitude *fab* qui encouragea le groupe à redoubler d'efforts : l'aptitude à *rejeter le rejet*. Quand vous travaillez sur vos rêves, la critique et le rejet sont des réalités de la vie. Comme l'apprirent les Beatles, il faut littéralement *rejeter le rejet* ou aucun de vos rêves n'aboutira jamais.

Dès le tout début, alors qu'ils étaient encore des adolescents rêveurs, John et Paul entendirent même leurs proches parents rejeter leurs talents de musiciens. Mimi Smith, la tante de John qui l'éleva, dit: «À mes yeux, la musique de John n'était que pure perte de temps. Je le lui disais d'ailleurs souvent: c'est très bien de jouer de la guitare, John, mais tu ne gagneras jamais ta vie ainsi.» Paul entendit son père lui répéter la même chose maintes et maintes fois. «Il désirait plus que tout que j'aie une carrière. *C'est très bien de jouer dans un groupe*, me disait-il, *mais il te faudra un métier en réserve.*»

Et bien sûr, lorsque Brian Epstein s'était efforcé de leur décrocher un contrat d'enregistrement en 1962, il lui avait fallu encore et toujours leur rapporter qu'on l'avait rejeté. Un commentaire infâme d'un cadre de Decca retentit encore dans les cercles *beatlesque*: «Retournez à Liverpool, M. Epstein. Les groupes de guitaristes sont chose du passé.»

Même après quatre succès au palmarès au Royaume-Uni, Capitol Records refusait de sortir les disques des Beatles aux États-Unis. Alan Livingston, cadre supérieur de la maison de disques à New York, soutenait que Capitol ne croyait pas que les Beatles perceraient sur le marché américain. Un autre cadre offrit son avis d'expert à Livingston: «Ce ne sont qu'une bande de jeunes aux cheveux longs. Ils ne valent *rien*.» Comment *rien*?

Par conséquent, les Beatles se virent contraints de sortir leurs mégasuccès britanniques aux États-Unis sur étiquette Vee Jay, une maison de disques R&B dérisoire de Chicago. Et même après que les Beatles eurent obtenu trois numéros un consécutifs en Angleterre, ni Capitol ni Vee Jay ne croyaient que le groupe aurait quelque avenir en Amérique. *She Loves You* fut donc relégué à une maison de disques encore plus minable de New York: Swan Records. Capitol n'accepta de sortir un disque des Beatles en Amérique qu'en novembre

1963, lorsqu'il devint impossible d'ignorer la couverture mondiale de la *Beatlemania* par les journaux et que Brian Epstein leur apporta lui-même une copie de leur prochain numéro un en Grande-Bretagne : *I Want to Hold Your Hand*.

Les critiques publiées à l'époque n'étaient guère favorables aux Beatles. La revue *Time* qualifia *A Hard Day's Night* d'« ineptie à éviter à tout prix ». Et le *Newsweek* déclarait en février 1964 : « D'un point de vue musical, les Beatles sont un quasi-désastre : des guitares jouant à un rythme impitoyable qui supprime les rythmes secondaires, les harmonies et la mélodie. Leurs textes, ponctués de *yeah, yeah, yeah* criés à tue-tête, sont une catastrophe, un méli-mélo grotesque de sentiments romantiques dignes de cartes de la Saint-Valentin. » De tels propos auraient pu abattre un groupe moins confiant.

Un article paru en mars 1964 dans le *Saturday Evening Post* se prononçait sur la longévité de la *Beatlemania* : « De tels engouements ont tendance à mourir de façon très soudaine. Après tout, il n'y a pas si longtemps, plusieurs hommes d'affaires imprudents se retrouvèrent avec des entrepôts remplis de toques de fourrure de ratons laveurs quand l'engouement pour Davy Crockett cessa presque du jour au lendemain. »

Dans l'ensemble, les médias malmenèrent les Beatles, autant aux États-Unis qu'en Angleterre. Les conférences de presse étaient l'occasion d'un flot ininterrompu de questions négatives de la part de journalistes cherchant à les acculer à la controverse ou à découvrir quelque « scandale secret ». (Pourquoi les gouvernements dépensaient-ils « tant d'argent » pour leur sécurité ? Pourquoi des *fans* avaient-ils été blessés dans des soi-disant « ruées » ?)

Souvent, les journalistes harcelaient les Beatles de questions sur la présence de « foules de protestataires » à la porte de leur hôtel ou de leurs spectacles alors qu'en réalité, il ne s'agissait que d'une poignée de jaloux.

Comment les Beatles composaient-ils avec tout ça? En sachant qui était important – les *fans* – et qui ne l'était pas. Voyez l'attitude confiante de Paul en 1967 peu avant la sortie de *Sgt. Pepper*: «Plusieurs journaux disent depuis un mois: *Que deviennent les Beatles? Les Beatles sont-ils à court d'inspiration?* Nous étions vraiment contents de pouvoir leur montrer ça». Paul *savait* que ce que les Beatles réalisaient avec l'album *Sgt. Pepper* était spécial, voire révolutionnaire.

Paul remarqua que la critique et le rejet n'entraient pas en ligne de compte dans la manière dont lui et ses compagnons évaluaient leur talent: «Les *ventes* représentent le meilleur indice. Voilà pourquoi je trouve ça drôle quand les gens disent: *Ce n'est pas important si ça se vend ou non; il ne faut pas considérer cet aspect.* Je pense que c'est ce qui importe: les gens qui vont dépenser leurs sous chez le disquaire. J'estime que c'est une décision importante que celle de dépenser son argent pour quelqu'un. Certains ni voient que du commerce, alors qu'il s'agit selon moi du vote du public.»

Plusieurs d'entre nous sont si intimidés par ce qu'autrui *pourrait* dire – ou penser de nos rêves – que ceux-ci ne démarrent même pas. La peur du rejet est un obstacle majeur à la réalisation d'un objectif.

Avez-vous l'intuition nécessaire pour résister à la négativité qui s'ensuivra sûrement lorsque votre rêve passera en mode réalité?

COMPTER SUR LE SUCCÈS

« All I've Got to Do »

(*With the Beatles*, 1963)

Voici un autre élément de l'attitude *fab*: compter sur le succès.

En 1971, John discutait des attentes des Beatles lors de leur premier séjour aux États-Unis: «Nous étions vraiment des professionnels quand nous sommes arrivés ici. Nous avions appris toutes les règles du jeu. Nous savions comment nous y prendre avec les journalistes puisque ceux d'Angleterre sont les plus durs à cuire. Je sais que dans l'avion, j'ai dit: *Nous ne réussirons pas*, ou peut-être était-ce dans le film. C'est mon autre côté... (Mais) nous savions pouvoir vous mettre dans notre poche si seulement nous parvenions à vous tenir.»

Paul voyait les États-Unis comme un pays de plus à conquérir: «L'Amérique était la plus grande *capitale de l'industrie du spectacle* et nous étions très confiants. Notre assurance atteignait son plus haut point.» Ce dont Ringo convient: «C'était une attitude en quelque sorte. Nous avions conquis l'Angleterre, la Suède et la France. L'Amérique nous *appartenait* désormais.»

Le studio d'enregistrement était également un endroit où les *Fabs* comptaient sur le succès. Un exemple mémorable survint durant l'enregistrement de *Strawberry Fields Forever*, réalisé en plusieurs prises différentes. La septième prise en offrait une version sous forme de ballade contemplative tandis que la vingt-sixième prise nous révélait une version plus chargée, plus rapide et orchestrale. Le défi? John aimait la première partie de la version plus lente ainsi que la seconde partie de la version plus rapide.

George Martin raconte: «John me disait: *J'aime les deux versions; pourquoi ne pas les joindre? Tu pourrais commencer avec la septième prise pour ensuite passer à la vingt-sixième prise afin d'inclure la grande finale!* Génial! ai-je répondu d'un ton sarcastique. Cette solution ne comporte que deux difficultés: ces prises ont des tons complètement différents et de même pour le tempo. Sinon, pas de problème! Mon sarcasme suscita chez John le sourire tolérant de l'adulte qui calme un enfant. *Je suis sûr que tu y parviendras, n'est-ce pas*, George ? me lança-t-il d'un ton laconique : et sur ce, il tourna les talons ! »

Le fait que John était confiant de la réussite motiva Martin à satisfaire sa requête avec créativité. Il accéléra la prise plus lente et ralentit la prise plus rapide, ce qui permit de concilier tons et tempos ; après quoi, il raccorda les deux prises. Si vous écoutez attentivement *Strawberry Fields Forever*, vous entendrez clairement ce montage exactement soixante secondes après le début de la chanson.

Succès ou échec : lequel comptez-vous rencontrer sur le chemin menant à vos rêves ? En ce qui concerne les Beatles, il fallait s'attendre à ce qu'ils se retrouvent devant le succès à chaque tournant. Leurs rêves étaient réalisés bien avant leur actualisation dans leur vie. Comme l'écrit Sun Tzu dans son classique deux fois millénaire, *The Art of War :* « Avant de combattre, dans le temple (du mental) il faut calculer et gagner. » Un conseil que les Beatles ont suivi à la lettre. Ils savaient avoir conquis l'Amérique avant même d'être arrivés à New York.

Comment se faire une provision de ce principe ? Pensez à une situation dont vous vous êtes bien tiré. Peut-être avant une entrevue pour un emploi, vous êtes-vous senti fort, capable – le candidat idéal pour ce créneau. Et vous avez obtenu le poste. Comment cette attitude peut-elle vous permettre d'atteindre les objectifs requis pour réaliser votre rêve ?

NE PAS PRENDRE VOTRE RÊVE TROP AU SÉRIEUX

« You can't cry 'cause you're laughing at me... »
(I'm Down, 1963)

« L'humour faisait partie intégrante des Beatles, nous dit George. Ils étaient vraiment très drôles. »

Les quatre Beatles, dont les moindres faits et gestes étaient scrutés, possédaient un code secret dont ils se servaient souvent pour se protéger et réduire la pression de la *Beatlemania* faisant rage autour d'eux. «C'est la magie des mots qui devint une spécialité des Beatles, remarque Paul sur le sujet. À titre d'exemple, quand notre producteur – George Martin – demandait : *Y a-t-il quelque chose qui vous déplaît ?*, George Harrison répondait : *Nous n'aimons pas votre cravate.* Enfants de la rue, on appellait ça des farces plates. »

George lança une autre farce plate pour désamorcer la tension durant la première rencontre officielle du groupe avec Brian Epstein. John, George et Pete Best étaient déjà là, mais aucun signe de Paul. Irrité, Brian pria George de lui lancer un coup de fil. Après s'être exécuté, George l'informa que Paul prenait un bain. «C'est une honte, s'exclama Brian, déconcerté. Il va être très en retard. » «En retard, certes, mais très propre, reprit George sur un ton classique de pince-sans-rire. »

Paul nous parle ici de l'action de l'humour au sein du groupe : «C'était un des merveilleux côtés de John», dit-il au sujet du premier spectacle du groupe au Shea Stadium en 1965 devant cinquante-sept mille *fans* hurlants. «Si jamais nous étions tendus lors d'un spectacle – et celui-ci en était un –, John faisait le clown, roulant les épaules tout en faisant des grimaces. Très encouragés, nous nous disions : *Bravo, au moins on ne se prend pas trop au sérieux !* »

L'humour faisait également partie de leur unique style d'autopromotion. À titre d'exemple, après avoir baptisé leur entreprise «Apple», ils ont renchéri sur le nom en préférant l'humoristique «Apple Corps Ltd. » aux classiques «Apple Limited» et «Apple Corporation» comme raison sociale.

Concluons ce thème par quelques questions et réponses peu connues, faisant partie d'une conférence de presse à Los

Angeles, en août 1966, où un journaliste cherchait matière à écrire des propos désobligeants sur le groupe.

Question :

> « J'aimerais adresser cette question à Messieurs Lennon et McCartney. Dans un récent article de la revue *Time* dénigrant la musique pop, on lisait que la chanson *Day Tripper* avait pour sujet une prostituée. »

Paul (acquiesçant *en* plaisantant) :

> « Oh oui. »

Question :

> « Et *Norwegian Wood* aurait pour thème une lesbienne. »

Paul (acquiesçant en plaisantant) :

> « Oh oui. »

Question :

> « Je voudrais seulement savoir quelle intention motivait l'écriture de ces chansons, et ce que vous pensez des critiques du *Time* quant à la musique qui s'écrit de nos jours. »

Paul :

> « On cherchait simplement à écrire des chansons sur les lesbiennes et les prostituées, c'est tout. » (Rires et applaudissements fusent de toutes parts.)

L'humour fait partie intégrante du secret des Beatles, quoique parfois tenu pour acquis. Car rarement se prenaient-ils au sérieux en public, surtout à leurs débuts. Même plus tard, lors de manifestations sérieuses contre la guerre – dont les *bed-ins* pour la paix –, John était heureux de se proclamer lui-même « bouffon pour la paix ». Les Beatles savaient que le rire pouvait mettre tout le monde à l'aise. Plusieurs critiques de cinéma les acclamaient comme les « nouveaux frères Marx ».

Combien de fois utilisez-vous l'humour dans la poursuite de vos objectifs? Voici une idée pour réchauffer votre mécanisme humoristique. Examinez une situation difficile ou sensible que vous jugez imminente. Songez-vous à briguer une augmentation de votre patron? Au lieu d'emprunter la route des gens sérieux en faisant étalage de vos réalisations, pourquoi ne pas désarmer celui qui vous emploie grâce à un ballon qui dirait: «Je le mérite bien!»?

À l'approche du prochain argument avec votre compagne ou compagnon de vie, pourquoi ne pas dénouer la situation par quelque élément de comédie? Louez un costume de clown et faites une petite danse à claquettes. Comme le disait si bien John en 1965: *Life is very short, and there's no time for fussing and fighting, my friend;* (La vie est trop courte pour perdre son temps à faire des histoires et à se disputer, mon ami.) We Can Work It Out)

VOUS ÊTES LE CINQUIÈME BEATLE! – *L'ATTITUDE*

- Quelle attitude adoptez-vous par rapport *l'inconnu?* Ce mot vous terrifie-t-il – ou vous inspire-t-il? De toute évidence, les Beatles l'accueillent les bras ouverts. John disait: «Acceptez que tout est inconnu et ça ira comme sur des roulettes.» Qu'est-ce qui vous fait redouter l'inconnu? Qu'est-ce qui vous empêche de progresser de façon positive vers la réalisation de vos rêves? Pensez à la chanson *All You Need Is Love*, tout en prétendant que vous la chantez «en direct» devant 400 millions de spectateurs! C'est précisément ce que firent les Beatles, et ce, sans reculer. Pourriez-vous en faire autant? Cette pratique vous donnera une idée précise de toute la puissance qui réside dans la simple confiance en soi.

- Les émotions recèlent une telle puissance qu'elles nous énergisent littéralement à chaque instant de la journée, donnant du piquant à notre vie. Or, pour être *fab*, il faudra en fait vous distancier de l'émotion afin de transformer vos rêves en réalité. Plus grand est le rêve, plus grand sera le degré de détachement requis. Pratiquez *l'absence* d'émotivité lors d'une tâche que vous redoutez normalement. À titre d'exemple, approchez quelqu'un que vous admirez et dites-le lui. Laissez-vous aller. Pensez à diverses façons de faire face activement à une situation émotive, puis confrontez-la sans éprouver d'émotion. Quand surgit un conflit, essayez de vous ressaisir jusqu'à pouvoir simplement observer ce qui se déroule – même vos propres réactions. Faisant cela, votre lucidité mettra au moins une suite logique de solutions – les vôtres – en évidence.

- Les Beatles ont pris de grands risques dans le cadre de la carrière du groupe, mais en cours de route, ils ont réalisé des exploits artistiques continuels et vécu des rêves de plus en plus fabuleux. Quel genre de risques prendriez-vous désormais, qui favoriseraient votre rêve le plus fou ? Si votre rêve nécessite l'achat d'un scanneur et d'un système informatique de pointe, peut-être est-il temps de puiser dans vos économies pour les acheter. Le degré de confiance en vous qui vous habite et vos compétences détermineront le risque réel. Si vous vous savez prêt et capable, le fait d'agir ne devrait alors même pas être considéré comme un « risque ». Prenez un plus grand risque encore. Est-il temps de financer de nouveau votre maison pour obtenir l'argent requis pour acheter votre rêve ? Prudence – plus le risque vous semble grand, plus il l'est vraisemblablement. Une telle démarche doit vous sembler réalisable, naturelle et correcte avant de l'entreprendre. Si vous couriez le risque de réaliser un rêve, qu'adviendrait- il ? Serait-ce forcément négatif ? Peut-être n'est-ce que votre perception qui vous fait redouter quelque incident négatif. La réalité pourrait s'avérer être une expérience joyeuse.

- Maintenant, ça se corse. Aux yeux des Beatles, l'arrogance était synonyme de liberté et de vérité. Avez-vous l'arrogance en abomination? Avez-vous constamment besoin de dire à votre entourage que vous «ne méritez pas» de réussir? Ou encore que «Vous êtes simplement chanceux» si vous jouissez de quelque succès? N'oubliez pas que John aimait dire au sujet de son groupe: «Quand j'étais un Beatle, j'estimais que nous étions le meilleur groupe au monde; et d'y *croire* est ce qui a fait de nous ce que nous étions.» Prenez quelques instants pour écrire ce qu'il y a de vraiment *incroyable* en *vous*! Prenez conscience de votre propre valeur intrinsèque et exercez-vous à manifester cette attitude en public.

- Voici un exercice amusant conçu pour révéler votre côté humoristique. Louez *A Hard Day's Night*, de préférence plusieurs fois. Redécouvrez l'esprit et la bouffonnerie que déploie le groupe du début à la fin du film. Demandez-vous: comment l'humour peut-il m'aider à me détendre et désarmer de façon positive les gens qui m'entourent et tous les autres?

Chapitre 4

L'ÉQUIPE

Le fait est que nous formions une équipe,
envers et contre tout ce qui se passait
entre nous comme autour de nous.

Paul McCartney

Tout va pour le mieux – vous êtes bien parti pour devenir le cinquième Beatle. Vous avez rêvé, vous avez réalisé quelques dessins, vous vous êtes fixé des objectifs réalistes, et ce, tout en développant l'attitude des Beatles quant au succès et en l'anticipant davantage.

Il n'est toutefois guère possible d'être *fab* par soi-même ; il nous faut donc ici aborder le prochain élément critique de la voie des Beatles : *créer et maintenir une équipe* qui vous conduira jusqu'au seuil même de vos rêves.

Dans le présent chapitre, nous étudierons non seulement l'art de réunir une équipe aussi loyale que compétente, mais aussi le choix d'un leader, l'art de se sacrifier pour le plus grand bien de l'équipe et d'aiguiser l'esprit de compétition qui vous donnera l'avantage requis pour réussir.

LE LEADERSHIP

« *I'll Follow the Sun* »

(*Beatles for Sale*, 1964)

La première chose que requiert toute équipe est un leader. John Lennon était le leader *de facto* des Beatles à leurs débuts, et ce, jusqu'aux derniers jours de la *Beatlemania* en 1966, où Paul McCartney prit les rênes.

Paul n'hésite pas à glorifier John, comme il le fait si bien en 1991 : « Revenant sur le passé avec John, je l'ai toujours idolâtré. Et les autres de même, tout le groupe j'entends. J'ignore si les autres l'admettront, mais c'était notre idole. » Et plus tôt : « Nous le respections tous ; plus âgé, il était certes le leader. Il avait la repartie prompte et il était le plus malin. »

Ringo abondait dans le même sens au début des années 60 : « Il était comme notre propre petit Elvis. Très énergique, aussi drôle que brillant et toujours digne de notre respect. »

Le talent, le charisme et l'esprit de John témoignent des raisons qui incitaient les Beatles à graviter autour de lui. Paul nous offre cependant une vision plus psychologique de la nature du leadership : « J'ai toujours aimé en fait être deuxième. J'ai réalisé pourquoi lorsque j'ai fait de l'équitation, récemment : le premier ouvre toutes les portes. Le deuxième n'a plus qu'à suivre derrière celui qui a fait tomber tous les murs, toutes les orties brûlantes... Le numéro un a encore besoin de vous comme compagnon. Je crois bien que ma relation avec John relève de cette attitude. »

Néanmoins, quand sonna l'heure pour Paul d'être le leader, il le fut de façon brillante. Ce fut lui qui initia la création de *Sgt. Pepper's Lonely Hearts Club Band*, poussant ensuite le groupe à produire les films *Magical Mystery Tour* et *Let It Be*, chacun accompagné d'une trame sonore sur disque. Paul tira également les Beatles de leur méditation enseignée par Maharishi Mahesh Yogi pour qu'ils enregistrent le

Double-Blanc, les réunissant enfin pour la grande finale que fut l'album *Abbey Road*. Il contribua aussi à la fondation d'Apple Corps Ltd.

Lequel êtes-vous – leader ou suivant? Si votre rêve est fabuleux et requiert un groupe d'intervenants – fût-ce un ou deux –, vous n'avez d'autre choix que d'être leader. Et qui pourrait mieux servir de modèle à suivre que John, lui qui savait diriger sans dominer? Vous avez entendu les Beatles décrire John en termes élogieux, comme si au lieu de les mener, il les avait plutôt engagés à un niveau où ils étaient prêts à le suivre sans poser trop de questions. Comment? En gagnant leur confiance.

Qu'en est-il de vous dans ce domaine? Vos amis et votre famille vous font-ils entièrement confiance? Parleraient-ils de vous comme les Beatles parlaient de John? Vos propos, comme vos gestes à leur endroit, sont-ils irréprochables? Avez-vous leur intérêt à cœur ou seulement le vôtre?

Des situations où la confiance entre en jeu surgiront souvent dans votre vie, surtout si vous en êtes conscient. Pensez-y: si la caissière vous remet trop de monnaie, que faites-vous? Rendez-vous l'excédent ou l'empochez-vous en vous sauvant? Si un collègue de travail a une idée géniale sur la façon de rationaliser la production, qu'en faites-vous? Vous accordez-vous tout le mérite ou défendez-vous cette idée en pensant au plus grand bien de l'équipe? Considérez également vos rapports avec votre conjoint ou vos enfants. Vos paroles sont-elles irréprochables? Pratiquez-vous ce que vous prêchez, ou faites-vous souvent tout le contraire de ce que vous dites?

ENCOURAGER SON ÉQUIPE

« Don't you know it's going to be alright... »
(*Revolution*, 1969)

Être *fab*, c'est pousser la détermination jusqu'à l'arrogance. Ceci dit, la marque d'un grand leader réside dans l'aptitude à s'en remettre à d'autres personnes dotées d'un grand talent. L'arrogance de John ne l'empêchait pas de reconnaître le génie chez autrui. À l'âge de seize ans, John savait que Paul représentait, malgré son jeune âge, une menace évidente dans plusieurs domaines : talent, beauté, sens du spectacle. Mais John possédait déjà l'instinct d'un grand leader : « Un ami mutuel amena Paul voir mon groupe, les Quarrymen. Je vis qu'il avait du talent. En tant que leader, je devais prendre une décision : fallait-il prendre quelqu'un de supérieur aux autres membres du groupe ou non ? Je décidai donc d'accepter Paul pour que le groupe soit plus fort. »

Immédiatement après cette décision qui allait changer leur destin, John remarque : « Paul me présenta alors George, et j'ai dû prendre une autre décision – laisser ou non George joindre le groupe. Après l'avoir écouté jouer, j'en ai fait un membre du groupe. Après quoi, le reste du groupe (les Quarrymen) fut graduellement congédié. Au lieu d'opter pour l'individualisme, nous avons préféré le meilleur format : des égaux. »

Considérez l'impact sur les Beatles de la décision de « laisser George joindre le groupe ». Le talent de George brille dans ses solos de guitare dans *She Loves You* et *Help !* et dans son jeu de *slide guitar* depuis *Come Together* jusqu'à *My Sweet Lord*. Son talent de compositeur a inscrit d'aussi grands classiques que *Taxman, Something* et *While My Guitar Gently Weeps* au répertoire des Beatles. Et sa conversion à l'hindouisme, ainsi que les influences musicales de l'Inde qui s'y rattachent, ont finalement attiré l'attention d'une grande partie de l'Occident sur cette culture. Sa voix, son humour empreint d'une ironie désabusée, son intelligence intuitive et sa force sobre ont permis au groupe d'atteindre des cimes qui seraient peut-être demeurées inaccessibles sans lui.

En 1968, John résuma les bénéfices incalculables découlant de ses décisions quant au choix des membres de sa première véritable équipe : « Nous étions désormais trois à partager le même point de vue. »

On peut voir ici la fusion du noyau des Beatles, résultant principalement de la décision de John d'étoffer son équipe à l'aide de pairs au lieu d'inférieurs. Songez à ce qui serait advenu de John s'il n'avait eu la prévoyance et l'humilité d'accepter George et Paul. On peut douter de l'impact de son groupe originel, les Quarrymen, au-delà des frontières de Liverpool.

Pourtant, une fois son équipe formée, John n'hésita guère à affirmer son autorité : « Comment décrire ce travail (celui d'un leader) ? Je manipule les gens, c'est ce que font les leaders. Je crée des situations à mon avantage et à celui d'autrui. C'est aussi simple que ça. » Il ajoute : « N'ayons pas peur des mots. C'est de la manipulation délibérée et mûrement réfléchie en vue de créer la situation à laquelle j'aspire. »

Considérez l'aptitude de John au leadership par rapport à vous-même. Auriez-vous le cran de prendre dans votre équipe quelqu'un d'aussi talentueux que vous ? Peut-être vous montrez-vous si protecteur envers votre rêve que vous préférez ne pas laisser autrui s'impliquer autant que vous. Mais songez à la prise de décision de John. Faisant preuve de sagesse *fab*, laisseriez-vous un talent aussi formidable que Paul McCartney se joindre à votre équipe ? Examinez les noms sur la liste de candidats sélectionnés pour faire partie de votre équipe. Êtes-vous véridique avec chacun, permettant à toutes ses qualités de briller ? Imaginez les situations qui surgiront dans la quête de votre rêve et projetez-y chaque candidat. Vous laisserez-vous influencer par des problèmes personnels comme la jalousie, la mesquinerie ou laisserez-vous des conflits d'autorité surgir ? La sagesse *fab* veut que vous pensiez sérieusement et honnêtement à former une équipe du tonnerre ! Soyez arrogant tout en demeurant humble !

PARFAIRE L'ÉQUIPE

« They're gonna crucify me... »
(*The Ballad of John and Yoko*, 1969)

En étudiant de plus près la prise de décision chez les Beatles, vous découvrirez un nouvel élément dans leur méthodologie : la capacité d'élaguer froidement ce qui ne convient pas. Considérons plusieurs de leurs décisions, en commençant par celle de congédier Pete Best, qu'on remplaça lorsque les Beatles allaient signer leur premier contrat d'enregistrement. Cette décision s'avéra difficile. À l'époque, personne à Liverpool n'était plus populaire que les Beatles, dont les *fans* faisaient la queue dès la veille d'un spectacle pour se procurer des billets. De plus, le batteur qu'ils avaient approché pour remplacer Pete – Ringo Starr – jouait à temps plein dans un autre groupe populaire : Rory Storm and the Hurricanes. Il n'était pas certain que Ringo quitterait ce boulot sans risques.

Pour compliquer les choses, Pete était au sein du groupe la coqueluche *de facto*. En effet, ses traits charmeurs à la James Dean et sa coiffure de motard exerçaient un grand attrait sur les jeunes filles qui affluaient aux spectacles du groupe. Pourquoi alors John, Paul et George jugeaient-ils nécessaire de le remplacer ?

Un musicien professionnel aurait vite compris que Pete ralentissait le rythme, non pas dans une grande mesure, mais suffisamment pour tenir en échec la pure énergie du groupe qui *brûlait* d'accélérer et de s'intensifier à plusieurs niveaux.

D'ailleurs, Pete ne cadrait pas avec le groupe. Des photos de l'époque montrent John, Paul et George en tenue « complet-cravate » et les cheveux longs séchés au séchoir et rabattus sur le front. Un style uni, quoi – sauf pour Pete, bien en évidence avec ses cheveux gras coiffés à l'ancienne mode.

En 1967, Paul disait à leur biographe officiel, Hunter Davies : « Je n'étais pas jaloux (de Pete) parce qu'il était (plus) beau. Tout ça n'est que sottises. Il ne savait pas jouer ; Ringo lui était tellement supérieur. Voilà pourquoi on ne voulait plus de lui. » George en disait autant et, musicien on ne peut plus méticuleux, il était inflexible dans sa conviction que Pete devait quitter le groupe.

D'autres, notamment Stuart Sutcliffe et Allan Williams, n'ont pas réussi à faire partie de l'équipe des Beatles, dont le rêve commençait à se matérialiser. Même s'il était un ami intime de John doublé d'un artiste qui aida le groupe à évoluer dans une direction unique côté image, Sutcliffe ne jouissait pas du don musical qui lui permettrait d'être un membre à part entière du groupe, dont la popularité croissante faisait monter les enjeux. Il en fut de même pour Allan Williams, leur premier gérant officiel. Bien qu'il ait réussi à procurer aux Beatles leur premiers engagements importants à Hambourg, il perdit son ascendant quand le groupe parvint à décrocher de meilleurs engagements que lui. On le laissa donc partir en 1961.

Retrancher l'inutile est une partie difficile mais nécessaire de la voie des Beatles. Considérez minutieusement la façon dont vous avez établi vos objectifs. Votre intuition vous révèle-t-elle la faiblesse d'une partie de votre plan ou encore la présence d'un membre de votre équipe qui vous freine ? Telle personne aurait-elle le talent ou l'énergie insuffisants pour vous aider dans la poursuite de votre rêve ? Avez-vous le courage de braver l'orage et de changer ce qui doit l'être, ce que firent les *Fab Four* ?

POUR LE PLUS GRAND BIEN

« Try to see it my way... »

(*We Can Work It Out*, 1965)

Parfois, pour que le rêve progresse vers sa réalisation, il faut sacrifier son ego. L'entente entre John et Paul au niveau de l'écriture des chansons les amena à devenir possiblement le tandem le plus influent et le plus fructueux de l'histoire dans ce domaine. Paul énonce : « Quand nous avons créé le tandem Lennon-McCartney, c'était 50/50, une entente scellée par une poignée de main, un peu à la Rogers-Hammerstein. Il ajoute : « L'image romantique d'une collaboration, tous ces films sur les compositeurs de New York bûchant au piano – cette image m'a toujours séduit. Lennon et McCartney deviendraient les Rogers et Hammerstein des années 60 : ainsi le voulait notre rêve. »

John fait ressortir davantage ce point : « Paul et moi avons conclu une entente à l'âge de quinze ans. Il n'y eut jamais de contrat légal dans ce sens, rien qu'une entente quand nous avons décidé d'écrire ensemble : quoi qu'il en soit, nos deux noms figureraient toujours sur nos chansons. » Vous connaissez le reste de l'histoire ! Mais ils sacrifiaient ainsi 50 % de leurs droits d'auteur, qu'ils n'ont jamais renégociés de toute leur carrière – même s'ils avaient pratiquement cessé de collaborer à l'époque de la *Beatlemania*. Citons ici un exemple évident : tout le monde sait que Paul a écrit seul *Yesterday*. Or, même sur le récent CD *1*, on peut lire, dans les crédits de cette chanson, les noms Lennon/McCartney. Ça c'est du sacrifice !

Et que dire du sacrifice suivant pour le plus grand bien d'un rêve ? Le premier instrument de Paul McCartney, celui qu'il préférait, était la guitare, non la basse. « Personne ne voulait être le bassiste (en 1961), admet Paul. Ce n'était pas l'emploi le plus prisé. On voulait tous chanter à l'avant de la scène et bien paraître pour attirer toutes les filles. »

Mais après la seconde saison de spectacles des Beatles à Hambourg, Stuart Stutcliffe annonça qu'il restait en Allemagne. Paul se souvient : « Misère ! On n'a plus de bassiste. Et tout le monde s'est retourné pour me regarder ! » Mais il a bel et bien accepté le défi, devenant avec le temps un des bassistes les plus innovateurs et respectés de l'histoire rock.

Plus tard, à l'apogée de la *Beatlemania*, le groupe sacrifiera son image rock en décidant que la chanson de Paul, *Yesterday*, se passerait de leur accompagnement habituel. On peut entendre Paul enseigner cette chanson aux autres sur *Anthology II* comme le voulait la coutume ; ce qui ne les empêcha pas de réaliser bientôt qu'un simple quatuor à cordes et une guitare acoustique conviendraient mieux d'un point de vue musical. Par précaution, les Beatles ne sortirent pas cette chanson en Angleterre, peut-être pour garder intacte leur réputation de groupe rock. Mais à sa sortie aux États-Unis, *Yesterday* atteignit la première place au palmarès pour ensuite devenir la chanson la plus populaire du canon du groupe.

Être *fab*, c'est raffiner l'aptitude à sacrifier ses propres intérêts, limités, pour se mériter des succès encore plus inespérés. Ne sous-estimez pas la portée ou l'envergure de votre rêve : il se peut que d'autres membres de votre équipe de rêve possèdent des talents cachés qui vous permettront d'envisager d'immenses possibilités. Ils n'ont besoin que de votre appui pour en faire bénéficier le monde entier, plutôt que seulement vous ou eux-mêmes.

ÊTRE AVARE DE COMPLIMENTS

« That when I tell you that I love you... »

(*I Should Have Known Better*, 1964)

Les Beatles ont enregistré une belle chanson de Buddy Holly intitulée *Words of Love*. Or, une des stratégies employées par John en tant que leader consistait essentiellement à *ne pas* prononcer trop de mots d'affection. De fait, selon Paul, John était plutôt avare de compliments. L'éducation plutôt rude qu'ils avaient reçue à Liverpool voulait que les paroles d'encouragement demeurent inexprimées. De sorte que toute louange émanant de la bouche de John – et ce toujours en privé – avait un profond effet.

Paul McCartney exprime : « Chaque fois que John faisait l'éloge de l'un de nous, cela valait son pesant d'or, car il était avare de compliments. Tant et si bien qu'on était très reconnaissant du *moindre* éloge. Je me souviens d'une journée de ski en Autriche durant le tournage du film *Help!* où nous étions crevés après avoir skié sans arrêt pour la caméra. D'habitude, George et moi partagions la même chambre ; mais cette fois, j'étais avec John. Retirant nos chaussures de ski, on s'installait pour la soirée en écoutant l'album *Rubber Soul*, quand soudain John déclara : *Je préfère tes chansons aux miennes !* Voilà le plus grand éloge qu'il m'ait jamais fait. Comme nous étions seuls ; il pouvait se permettre de parler ainsi ! »

Ce genre d'encouragement, aussi discret qu'occasionnel, de votre équipe vaut des tonnes de « bravos » et de clichés. John savait que toute louange devait être sommaire, dirigée et précise. Citons un autre exemple : lors d'une cérémonie d'intronisation au temple de la renommée du *rock and roll*, Paul se souvint que John aimait le voir imiter Little Richard sur les titres hard rock des Beatles à leurs débuts (ex : *Long Tall Sally*).

« Je me souviens lorsque j'ai enregistré la partie vocale de *Kansas City*, dit-il alors à John. Je n'y arrivais pas vraiment, car il n'est pas facile de chanter à tue-tête. (Mais) tu es descendu de la salle de régie, tu m'as pris à part en me disant : *Tu es capable, tu n'as qu'à crier !* Je te dis donc merci, car j'y suis arrivé ! »

Ringo n'a jamais reçu beaucoup d'éloges de la part de John ou de Paul ; aussi se tournait-il souvent vers George pour toute appréciation de ses talents de batteur ou de compositeur. On en est d'ailleurs témoins quand, dans le film *Let*

It Be, George aide Ringo à saisir une progression d'accords accrocheurs au piano pour la charmante *Octopus's Garden*. Mais il arrivait parfois que les autres se répandent en éloges à son endroit. En 1968 toutefois, il en eut assez des séances d'enregistrement aussi épuisantes qu'interminables du *Double-Blanc*. Ayant l'impression d'être de trop à l'époque, il quitta le groupe.

Les trois autres sont vite intervenus. Paul se rappelle : « Il fallait le convaincre que nous le trouvions génial. Mais c'est comme ça la vie ; on vit sans jamais prendre le temps de dire : *Hé, tu sais quoi ? Je te trouve génial !* » George fit donc complètement couvrir de fleurs la batterie de Ringo, tandis que John lui envoyait un télégramme qui disait : « Tu es le meilleur batteur rock au monde ; reviens ! » Ringo raconte : « C'était fantastique. Le *Double-Blanc* commença vraiment à démarrer alors. J'étais plein d'estime de moi et nous sommes sortis de cette crise. »

John Lennon était donc avare de compliments et pour cause. Les commentaires des autres Beatles révèlent que le moindre éloge de sa part valait son pesant d'or. Ses éloges mesurés constituaient un facteur subtil de motivation pour la créativité inépuisable du groupe.

Écoutez attentivement vos propres paroles d'encouragement. Votre approche serait-elle excessive ? Celle de John ne l'était certes pas. Il exigeait l'excellence de la part de son équipe. Après tout, il donnait le meilleur de lui-même. Considérez les membres de votre propre équipe. Chacun a des besoins différents en matière d'éloges et d'encouragements. Certains ont peut-être vraiment besoin qu'on les prenne par la main pour qu'ils puissent donner leur rendement maximum. D'autres apprécient qu'on ait confiance en leur initiative et en leur génie personnel.

LA LOYAUTÉ

« As you are me / And we are all together... »

(*I Am the Walrus*, 1967)

Faire l'éloge de votre équipe est intimement relié à son unité, à ses liens affectifs et à sa loyauté. Considérons ces termes dans la vie des Beatles. Lors d'une conférence de presse en 1963, il devint évident qu'une camaraderie unique et palpable existait au sein du groupe :

Question :

> « Est-ce que le fait de vivre et de travailler ensemble de façon continuelle engendre quelque tension entre vous ? »

Paul :

> « Non, en fait c'est fort heureux, car nous... »

Beatles (tous ensemble) :

> « nous sommes ensemble depuis quarante ans ! » (*chantant un succès d'alors*).

Paul :

> « Vous savez, nous sommes des amis de longue date ; de sorte que nous ne nous tapons pas trop sur les nerfs mutuellement. » (*Ils se lancent alors dans un simulacre de combat.*)

Une interview au cours de leur tournée mondiale de 1964 révéla leur remarquable unité.

Question :

> « Vous, les Beatles, avez conquis cinq continents. Qu'aimeriez-vous faire maintenant ? »

Beatles (tous ensemble) :

> « En conquérir un sixième ! »

Les liens affectifs qui unissaient les *Fab Four* étaient cohérents. Des expériences d'enfance figurent dans ces liens d'autant plus qu'ils avaient tous grandi à moins d'un ou deux kilomètres les uns des autres ; ils partageaient les mêmes goûts en musique, vêtements et femmes ; ils parlaient le même dialecte de Liverpool, riche en blagues ; sans oublier la même vivacité d'esprit autoprotectrice. À un niveau plus profond, John et Paul avaient tous deux perdu leur mère durant leur adolescence : « Nous étions deux âmes en peine, explique Paul. Nous n'avions qu'à nous regarder pour comprendre notre douleur mutuelle. »

Perspicace, George décrit ainsi, en 1964, les liens unissant les membres du groupe : « Le fait est qu'aucun de nous ne prétend être un grand ou un très talentueux musicien ; j'estime cependant que nous sommes bons en tant que groupe. Ensemble, nous sommes tellement meilleurs qu'individuellement. »

Les liens du groupe se solidifiaient quand John et Paul travaillaient intimement sur l'écriture, chacun baissant sa garde, mettant de nouvelles idées à l'essai et son cœur à nu dans des paroles extrêmement personnelles. John nous parle de cette époque : « Nous avons beaucoup écrit face à face, nez à nez. Par exemple, lors de *I Want to Hold Your Hand*, je me souviens comment a été découvert l'accord qui fait toute la chanson. Nous étions chez Jane Asher, dans son sous-sol, assis au piano. Nous avions trouvé les mots *Oh ! you got that something...* lorsque soudain Paul frappa un accord (le *si* mineur). Me tournant vers lui, j'ai dit : *C'est ça ! Joue-le encore une fois !* À cette époque, nous composions vraiment de cette façon, sous le nez de l'autre. » Paul est tout à fait d'accord : « L'expression *face à face* décrit très bien la chose. Il en était précisément ainsi. »

Ces liens d'amitié imprégnaient tout le groupe. George disait en 1964 : « Je suis avec John et Paul depuis plus de six ans et nous nous connaissons à fond. Nos traits distinctifs – et j'inclus ici Ringo – se font contrepoids de façon remarquable. » Il ajoutait : « On fonctionne si bien comme équipe du fait que nos personnalités contrent différentes pressions. » Ringo est d'accord : « Le mieux qu'on puisse dire du groupe est qu'on s'arrange entre nous. Peu importe qui joue quoi. Si quelqu'un a une idée, nous l'essayons. Si je joue de la batterie et que quelqu'un dit : *Essaie donc ceci, fais donc cela*, alors je l'essaie. Il en va de même pour chacun de nous. »

Paul rapporte que cette unité jouait un rôle prédominant dans le succès du groupe à ses débuts quand venait le temps de choisir les chansons à enregistrer et à jouer en spectacle : « Chacune d'elles fut soumise à l'épreuve *beatlesque*. Tous devaient l'aimer. Si quelqu'un n'aimait pas l'une d'elles, il lui opposait son *veto*. Un seul *veto* suffisait. Si Ringo disait : *Je n'aime pas celle-là*, on ne la faisait pas, à moins de réussir à le convaincre. »

En 1967, John définissait ce lien intime à l'aide de paroles affectueuses qui ne lui ressemblent guère : « Si je suis seul pendant trois jours à ne rien faire, je m'oublie presque complètement. Je vis dans ma tête. Je peux voir mes mains et réaliser qu'elles bougent, mais on dirait un robot qui agit. Je dois voir les autres pour me voir. »

George récapitule : « Nous avions toujours cette confiance (en l'unité). C'est ça qui était formidable ; nous étions quatre alors qu'Elvis était tout seul. C'est pourquoi je l'ai toujours plaint. Il n'y avait qu'un seul et unique Elvis. Et personne ne savait ce qu'il vivait. Alors que nous étions quatre à partager la même expérience. »

Dans votre propre équipe, assurez-vous que *loyauté* et *unité* ne soient pas que des mots. Favorisez-vous activement la participation de tous ses membres ? Les Beatles travaillaient tous sur chaque facette de leur carrière (sauf l'écriture des chansons) et partageaient leurs idées autant dans le studio d'enregistrement que sur scène ou dans la création de leur image. Considérez les équipes dont vous faites partie dans votre propre vie. Vos rencontres familiales sont-elles ouvertes à l'apport de chacun de ses membres? Et en affaires? À la réunion du lundi, est-ce une seule personne qui prend toutes les décisions? La sagesse *fab* revient à créer des projets aussi démocratiques qu'agréables auxquels tous pourraient participer.

Être *fab*, c'est aussi créer des liens. À l'instar des Beatles, il est temps pour vous de partager ouvertement – et souvent – avec votre équipe de rêve. Les Beatles vivaient littéralement l'un chez l'autre. Pas besoin d'en faire autant, mais vous pourriez songer à passer plus de temps avec votre équipe hors du cadre de la réalisation de votre rêve. Dîners, fêtes et causeries entre amis, entreprenez des activités agréables et sans objectif précis comme celles-là afin de créer des liens plus profonds avec votre équipe. Mieux encore sont les jeux auxquels on joue dans les soirées ou les fêtes – comme Vérité ou Conséquence et les charades – pour aider les membres d'une équipe à se découvrir mutuellement sur le plan plus personnel.

ENGAGER VOTRE ÉQUIPE

« If I fell in love with you... »

(*If I Fell*, 1967)

Qu'il s'agisse de rêves accessibles ou de rêves fabuleux à la Beatle, vous aurez besoin d'une équipe que vous engagerez grâce à votre talent, à votre enthousiasme et à votre honnêteté. Vous pourriez peut-être *forcer* des gens à travailler pour vous, mais si votre stratégie n'inclut pas le genre de dévouement à long terme que les *Fab Four* s'attiraient, le succès à l'échelle *beatlesque* ne risque guère de couronner vos efforts.

Les Beatles incarnaient effectivement la force centrale de leur équipe. Néanmoins, ils ont créé un superbe cercle de personnes dignes de confiance – et vice versa. Et l'amour de ces gens-là pour les Beatles était empreint d'un respect et d'un dévouement rares. En théorie, personne n'était nécessairement qualifié pour l'emploi attribué, tout comme aucun des Beatles n'avait vraiment reçu d'éducation musicale. Leurs simples attributs d'honnêteté, d'intégrité et de loyauté demeuraient les ingrédients essentiels de ces relations harmonieuses.

Considérons la première personne que les *Fab Four* ont engagée et qui, en dernière analyse, est peut-être littéralement morte pour eux : le jeune Brian Epstein, qui dirigeait une chaîne de magasins de disques en Angleterre et cherchait à réaliser quelque projet excitant, ambitieux. En 1962, à l'âge de vingt-sept ans, il eut un tel coup de foudre pour le groupe qu'il leur consacra presque toute son attention pendant cinq ans, soit jusqu'à son décès à trente-deux ans.

La confiance et la loyauté de Brian étaient si totales qu'il n'a même jamais apposé sa signature sur le contrat initial de gérance du groupe. Tel était le respect que lui inspirait leur talent. Il croyait que s'il ne pouvait pas les aider, toute entente légale – même irrévocable – serait superflue. Brian disait : « J'avais donné ma parole quant à mes intentions ; c'était suffisant. J'ai respecté les termes du contrat sans que personne n'ait à s'inquiéter du fait que je ne l'avais pas signé. » En cette ère de litige, une telle situation s'avère sans précédent ; mais demandez-vous : « Pourquoi en serait-il autrement ? » Si votre équipe et vous êtes des personnes honnêtes et animées d'un respect mutuel, tout contrat devient superflu.

Pete Best, le batteur du groupe à l'époque, disait plus tard de cet homme unique au tempérament artistique : « Brian fut très clair quand nous sommes allés le voir : *Je ne connais rien à la musique, pas plus d'ailleurs qu'au monde du spectacle ou du disque.* Il était authentique en disant simplement : *Je suis prêt à faire ce que je peux.* Et nous l'avons accepté ainsi. »

Voici la leçon à tirer : on peut enseigner une technique à la majorité des gens, mais non l'intégrité et la loyauté.

Songez à l'amour et à la confiance que Brian éprouvait pour ses « protégés », comme il les appelait. Citons ici la fameuse anecdote sur sa réaction à l'égard de George Martin lors d'une audition des Beatles pour l'étiquette de Martin. « Quand le *démo* s'est terminé (la bande de l'audition chez Decca que Brian essayait de placer à Londres) dit Martin, j'ai arrêté le magnétophone en regardant Brian. *Ce n'est pas terrible*, lui ai-je dit. Pendant que j'hésitais, Brian me fit son boniment, portant les Beatles aux nues : *Un jour, les Beatles surpasseront Elvis Presley !*, me dit-il avec une lueur de fanatisme dans les yeux. Mais sa loyauté n'était pas déplacée. »

Le second membre important du cercle intime des Beatles était George Martin, producteur talentueux de disques. Il était leur complément parfait grâce à son vaste savoir dans le domaine de la musique autant classique que populaire. Ses contributions apportaient une dimension additionnelle du fait de son expérience en humour. Il avait en effet produit plusieurs disques des comédiens préférés des Beatles – Peter Sellers et la troupe « Goon Show ». À cause de son approche éclectique de l'enregistrement, George Martin était considéré comme un non-conformiste par EMI, dont il dirigeait l'étiquette auxiliaire : Parlophone. Sa réputation d'anti-conformiste plaisait certes à nos jeunes vedettes rock.

George Martin devait savoir que le groupe avait déjà été rejeté par toutes les compagnies de disques de Londres en 1962 – y compris EMI. Par bonheur pour le groupe, il savait par intuition ce qui constitue un succès. Conscient que les Beatles possédaient un élément spécial, unique et irrésistible méritant qu'on prenne quelque risque, Martin nous parle de l'instant où il sut comment commercialiser ses nouveaux protégés : « Je leur ai demandé de jouer *Love Me Do*. Même si Lennon et McCartney avaient écrit cette chanson ensemble, je priai Paul de la chanter, car je voulais que l'harmonica de John se marie harmonieusement au chant de Paul. De toute évidence, John ne pouvait jouer et chanter simultanément. » Il ajoute : « Ainsi, Paul chantait et John l'accompagnait de sa voix si particulière – nasale et presque en dessous du ton – ce qui deviendrait leur signature sonore à l'époque. Soudain, j'ai compris ! J'écoutais un *groupe;* pourquoi ne pas l'accepter comme tel ? Cette harmonie si caractéristique, ce son si unique – *là* était leur point fort ! »

Martin, comme Brian Epstein, n'était pas insensible à l'humour et à l'intelligence des Beatles. Il aimait dire que « leur charme l'avait gagné à leur cause ». Leur enthousiasme et leur empressement au travail, révélés à chaque page de ce livre, ont également joué un rôle important dans l'empressement personnel de George Martin à utiliser ses talents à leur service.

« Le succès des Beatles ne m'a jamais enrichi », nous dit Martin. « EMI me versait toujours le même salaire, car j'étais sous contrat. Personne ne peut dire que j'ai exploité les Beatles. » De fait, après qu'il eut occupé la première position pendant trente-sept semaines grâce aux Beatles et à d'autres artistes dont il produisait les disques, EMI a haussé à contre-cœur son salaire en 1964 jusqu'à 3 200 livres par année. Néanmoins, il est resté avec les Beatles jusqu'à leur sépara-tion ; de plus, il a continué de travailler avec eux au fil de leurs carrières solos et sur les nouveaux projets du groupe, dont *Anthology*.

Brian Epstein, le gérant, et George Martin, le producteur de disques, furent deux facteurs déterminants qui propulsè-rent les *Fab Four* aux cimes de la réussite internationale. Souvenez-vous qu'il faut bien connaître son affaire avant de pouvoir attirer les gens exceptionnels qui vous entourent pour qu'ils se joignent à vous sur la route menant à votre rêve. L'humour, le charme, la classe, le travail, le dévouement et la loyauté sont des traits qui sont sans cesse cités dans les descriptions des Beatles. Ils ne manquaient certes pas de génie, mais celui-ci peut passer inaperçu ou n'être qu'un élément du tout. Prenez un instant pour contempler l'importance vitale que ces traits – chez vous comme chez les membres de votre équipe – revêtent pour vous dans votre propre parcours.

LE CERCLE INTIME

« Now I'll never dance with another... »

(*I Saw Her Standing There*, 1963)

Voyons de plus près d'autres membres du cercle intime des *Fab Four* sur lesquels nos amis comptaient quotidiennement. Nous verrons pourquoi ils leur faisaient absolument confiance.

En tout premier lieu, nous retrouvons Neil Aspinall. Ami intime de Pete Best (le batteur des Beatles avant Ringo) lors des débuts du groupe, il avait fréquenté la même école que Paul et connaissait George depuis son adolescence à Liverpool. Lorsque les Beatles furent en quête de machinistes, Neil prit une décision cruciale en renonçant à ses études en comptabilité pour travailler à temps plein pour le groupe. Ce qu'il fit d'abord en leur obtenant des engagements et en préparant des affiches pour eux. À l'époque de la *Beatlemania*, Neil passa de conducteur et membre du personnel technique en tournée à coordinateur de leurs tournées mondiales. Aujourd'hui, il est directeur général d'Apple Corps Ltd.

George Harrison raconte : « J'ai rencontré Neil quand j'avais treize ans. On fumait derrière les abris antiaériens du lycée du Liverpool Institute. Il est avec les Beatles depuis quarante ans. Neil était le seul à pouvoir vraiment rester en contact simultané avec les quatre Beatles. »

Camarade de travail de Neil, Mal Evans fit aussi partie de l'équipe des *Fab Four*, soit comme chauffeur de camion, soit comme membre du personnel technique en tournée aux débuts du groupe. Mal est vite devenu un passionné des Beatles, les ayant vus jouer au Cavern Club. Tant et si bien qu'à l'âge de vingt-sept ans – marié et père d'un enfant –, il quitta son emploi d'ingénieur en télécommunication pour prendre la route avec le groupe. Il collabora étroitement avec eux jusqu'à la dissolution du groupe en 1970.

N'oublions pas Alf Bicknell, le chauffeur et organisateur de tournée des Beatles de 1964 jusqu'à 1966, année où le groupe décidait de s'en tenir au studio d'enregistrement. Alf était dévoué aux Beatles. Un soir où ceux-ci réalisaient un de leurs rêves en rencontrant Elvis Presley chez lui en Californie, Alf observait toute l'équipe qui servait ce dernier en se pliant au moindre de ses caprices. Puis, se penchant vers Ringo, il lui dit : « Tu sais, Ringo, je me disais qu'Elvis est seul ; pourtant une demi-douzaine de personnes s'occupent de lui. Or, vous êtes quatre et nous ne sommes que trois (Neil, Mal et Alf). » Lui jetant un coup d'œil, Ringo dit sur un ton pince-sans-rire : « Qu'y a-t-il, Alf ? Tu veux une augmentation ou quoi ? »

Blague à part, on peut clairement voir que les Beatles s'en remettaient à une équipe des plus réduites, et ce, même au plus fort de leur popularité monstre. Quelle tâche herculéenne assumaient ces trois personnes ; mais elles partageaient le rêve des Beatles, elles étaient inspirées par leur intégrité et stimulées par leur travail. Tels sont les signes d'une grande équipe.

Dans votre propre vie, qui pourrait réunir ces traits de caractère démontrant un tel désintéressement pour vous aider à réaliser vos rêves ? Peut-être un ami d'enfance ou quelqu'un que vous connaissez depuis plusieurs années ? Ce genre de personne fera partie intégrante de votre équipe de rêve. Or, vous ne risquez sans doute pas de la voir frapper à votre porte en quête d'un emploi.

Une autre personne incarne le parfait coéquipier: Derek Taylor, qui quitta un emploi prometteur de rédacteur pour un journal du Royaume-Uni afin de travailler avec le groupe qu'il adorait. Lui-même natif de Liverpool, il fut d'abord agent de publicité, sous l'autorité directe de Brian Epstein. Il raconte sans détour son amour pour le groupe, peu avant son décès en 1997: « Les Beatles: Quels visages! Quelle époque! Quelle musique! Certains disent que l'essentiel, c'était leur musique, mais celle-ci ne représentait qu'un élément du tout. Je me suis joint à eux, car je désirais être emmené loin du monde que j'ai toujours connu. Ils symbolisaient l'espoir, l'optimisme, l'esprit et l'absence de prétention; la notion que *chacun peut réussir* à condition de le vouloir. On avait l'impression que tout allait leur réussir! »

Les Beatles inspiraient les autres à quitter leur emploi pour les suivre. Non seulement ont-ils créé une œuvre, mais ils ont engendré un *sentiment*. C'est votre devoir quand vous avez un objectif en vue pour votre équipe. Les Beatles s'en remettaient à moins d'une poignée de gens pour les aider à réaliser leurs objectifs. En cet âge de spécialistes, cette confiance en quelques hommes à tout faire semble issue d'une époque révolue. Mais songez aux candidats qui pourraient vous aider à réaliser votre rêve. Une seule personne pourrait-elle s'acquitter de *plusieurs* tâches inhérentes à vos objectifs? Qu'importe s'il lui faut quelque formation sur le tas. Ne préférez-vous pas un petit groupe uni dont les membres vous sont étroitement liés à une armée coûteuse d'experts qui vous ralentirait? Même si la spécialisation est la norme désormais, revoyez la liste de celles et ceux que vous considérez comme futurs membres de votre équipe de rêve. Quelle est leur compétence? Parions que tous possèdent plus de talents que ceux indiqués sur leur carte d'affaires.

LA COMPÉTITION AMICALE

« There's no time for fussing and fighting, my friend... »

(*We Can Work It Out*, 1965)

Le mot *compétition* évoque peut-être pour vous le cadre de l'athlétisme où deux boxeurs s'affrontent face à face, où deux équipes de football professionnel engagent une chaude lutte et où le vainqueur rafle tout. Le secret des Beatles transforme cependant la compétition en un jeu amical, voire affectueux. Les *Fab Four* rivalisaient entre eux et avec leurs pairs, non pour gagner, mais bien pour s'améliorer sur le plan artistique.

Cette aptitude à voir les autres comme des personnes-ressources au lieu d'ennemis éleva les Beatles vers des cimes vertigineuses. Paul confie : « Nous étions en tournée avec Roy Orbison quand, assis à l'arrière du bus, il joua pour nous sa chanson *Pretty Woman*. Ce qui nous fit penser : *Il faut en écrire une d'égal calibre* ! On cherchait toujours à s'améliorer. »

George Martin se rappelle de la compétition entre John et Paul au niveau de l'écriture : « Leur collaboration ne ressemblait jamais à celle de Rodgers et Hart ; elle s'apparentait davantage à celle de Gilbert et Sullivan. » Il explique ainsi cette analogie : « Quand John écrivait quelque chose, Paul souhaitait y avoir songé, de sorte qu'il s'efforçait de trouver mieux encore. Et vice versa. C'était un esprit de compétition très sain. » Paul le reconnaît : « En effet. C'est ça qui était formidable chez Lennon/McCartney – l'élément de compétition au sein du tandem. »

Paul raconte une confrontation amicale typique au studio entre les deux Beatles guitaristes : « George Martin disait : *Pouvez-vous réduire le volume des amplificateurs des guitares, s'il vous plaît ?* John regardait alors George (Harrison) en disant : *À combien réduis-tu ton volume ? Disons cinq, d'accord ?* Sur ce, John réduisait jusqu'à six, mais disait : *O.K., je suis à cinq!* (Harrison:) *Menteur! Tu es à six!* Cette rivalité était toujours présente. »

Cette rivalité amicale s'étendait jusqu'aux pairs du groupe sur le plan artistique. Paul cite souvent le leader des Beach Boys – Brian Wilson – comme une grande influence en ce qui concerne son jeu à la basse et les harmonies vocales du groupe et ce, dès *Paperback Writer*. Paul reconnaît en *Pet Sounds*, le chef-d'œuvre de Brian en 1966, *la* principale source d'inspiration de *Sgt. Pepper* : « En écoutant *Pet Sounds*, je pensais : *Diable! Qu'allons-nous faire?* » Il ajoute : « Si un disque requiert la présence d'un directeur au sein d'un groupe, je fus en quelque sorte celui de *Sgt. Pepper*. Et l'album *Pet Sounds* m'influença principalement. John en subit également l'influence, mais peut-être pas autant que moi. C'était certes un disque que nous écoutions tous. Le disque de l'heure, quoi! »

Cette rivalité respectueuse était mutuelle. Dans un documentaire de 1995, Brian Wilson relate : « Nous avons prié pour un album qui rivaliserait avec *Rubber Soul* (sorti à la fin de 1965). Même si elle comportait une part d'ego... notre prière fut entendue. *Pet Sounds* a remporté un succès immédiat. »

La rivalité Beatles/Beach Boys ne s'arrêta pas pour autant. *Sgt. Pepper* était sur le point de sortir lorsque Paul se pointa au studio des Beach Boys à Los Angeles où ceux-ci enregistraient avec grand soin le successeur de *Pet Sounds*. Avant de prendre congé, Paul joua et chanta *She's Leaving Home*, avant de lancer d'un ton bon enfant à Brian Wilson : « Ne tarde pas trop! » Malheureusement, Brian perdit ses moyens à cause de sa dépendance à la drogue. L'album *Smile* ne fut donc jamais terminé.

Le rival et homologue américain de John sur le plan artistique était Bob Dylan, dont l'influence se fit sentir dans la musique des Beatles dès *I'll Cry Instead* – de l'album *A Hard*

Day's Night – pour s'exercer aussi sur *Help!* et *Rubber Soul*. De même, conscient que le son des Beatles représentait l'avenir de la musique, Dylan passa à la fin de 1965 du spectacle folk solo au format rock avec groupe.

Dans le même contexte, Paul nous parle de l'une de ses chansons rock les plus aggressives, *Helter Skelter*: « Pete Townsend avait déclaré à la presse que son groupe (les Who) venait tout juste d'enregistrer la chanson rock la plus bruyante, la plus crue, de son répertoire. Ce qui m'a fait penser: *D'accord! Nous devons en faire autant!* Nous avons donc décidé de créer la chanson la plus bruyante, la plus vilaine, la plus suante qui soit. »

John Sebastian, leader des Lovin' Spoonful, groupe américain à succès de l'époque, décrit ainsi *Sgt. Pepper*: « C'était un peu comme si les Beatles lançaient un formidable défi. Je venais tout juste de terminer un album assez complexe dans ses arrangements. Puis, j'ai entendu cette incroyable collection de chansons avec des trucs enregistrés à l'envers, tout un orchestre jouant de façon non conventionnelle et des gadgets mécaniques jamais entendus. Il semblait presque impossible de produire quoi que ce soit dans cet ordre de grandeur. »

Les *Fab Four* n'étaient pas avares de leurs créations. Un exemple de leur générosité permit aux Rolling Stones d'obtenir leur premier gros succès au moment voulu. Les Stones avaient acquis une certaine notoriété grâce à leur premier disque (une nouvelle version du *Come On* de Chuck Berry). Leur compagnie de disques se rongeait les sangs quant à son successeur, car le groupe ne composait pas encore. En route vers un spectacle, John et Paul firent une courte visite au groupe et finirent une chanson sur laquelle travaillaient les Beatles – *I Wanna Be Your Man* – en moins de vingt minutes, et ce, sur mesure pour les Stones. Ce qui leur procura leur premier accès aux dix premières places du palmarès.

John en retrace ici l'histoire : « *I Wanna Be Your Man* était en quelque sorte une figure mélodique de Paul. Mick et Keith savaient par ailleurs que nous avions une chanson inachevée. Quand nous leur en avons joué une version non travaillée, ils ont dit : *Oui, c'est bien là notre style.* Paul et moi, on s'est retirés dans un coin pour la terminer pendant qu'eux étaient assis là à parler. D'où l'inspiration d'écrire de Mick et Keith ; ils se dirent : *Avez-vous vu ça ? Ils sont juste allés dans un coin pour l'écrire !* »

Paul nous parle de leur relation suivie avec les Stones : « Je crois que George (Harrison) les avait aidés à décrocher leur premier contrat d'enregistrement important. Nous les avons suggérés à Decca, qui avait tout raté en nous refusant et avait voulu sauver la face en demandant à George : *Connais-tu d'autres groupes ?* Et lui de répondre : *Il y a les Rolling Stones.* Voilà comment ils ont obtenu leur contrat. »

Cette relation amicale avec les Rolling Stones n'a pas empêché pour autant les Beatles de défendre leur territoire. En réponse à des remarques désobligeantes des Stones à l'endroit des Beatles, John fit remarquer : « J'aimerais seulement énumérer ce que nous avons fait et ce que les Stones ont fait. Mick (Jagger) a copié tout ce que nous avons réalisé ; il nous imitait. Vous savez bien que *Satanic Majesties* est leur version de *Sgt. Pepper* et que leur *We Love You* est une copie de *All You Need Is Love*. Je n'apprécie guère l'insinuation voulant que les Rolling Stones soient des révolutionnaires au contraire des Beatles. Côté musique ou côté influence, les Stones ne nous arrivent pas à la cheville, et ce, depuis toujours. »

Que pensez-vous de la compétition ? S'agit-il seulement de gagner, encore et toujours ? La voie des Beatles est synonyme de compétition amicale ! Sans précédent, me direz-vous ! Mais essayez de rivaliser avec vos pairs à un niveau supérieur – celui du respect et de l'admiration mutuels. N'est-ce pas beaucoup plus logique ? Se montrer trop protecteur – ou pire encore jaloux – vous rendra finalement mesquin, circonspect et insignifiant. Reconnaître, apprécier et apprendre de ses pairs : voilà qui propulsera sûrement vos rêves vers des cimes vertigineuses.

⚜

VOUS ÊTES LE CINQUIÈME BEATLE ! – *L'ÉQUIPE*

Voici plusieurs exercices pour devenir *fab*, axés sur le leadership, le travail d'équipe et l'usage d'une saine compétitivité :

- Qui sera le leader ? Si c'est vous, êtes-vous prêt à assumer les responsabilités inhérentes à la gestion d'une équipe, à être constamment *capable*, à prendre la situation en main, qu'elle soit bonne ou mauvaise ? N'oubliez pas ce que Ringo disait de John : « Il était comme notre propre petit Elvis. Très énergique, aussi drôle que brillant et toujours digne de notre respect. » Les membres de votre équipe en diront-ils autant de vous ? Les qualités de leader de Paul, qui se sont manifestées plus tard dans la carrière des Beatles, s'apparentaient à celles de John. Quels traits possédez-vous qui produiraient des résultats supérieurs chez votre équipe ? L'empressement de John et de Paul à consacrer de longues et impossibles heures à leur art motivait les deux autres. Au cours des prochains jours, faites ressortir ces traits de travail assidu, de ténacité, de dévouement et de loyauté. Ce ne sont là seulement que quelques-uns des traits requis pour exercer la voie des Beatles. Faites-les vôtres !

- Quels choix difficiles êtes-vous prêt à faire ? Iriez-vous jusqu'à congédier une personne qui travaille avec vous depuis deux ans, comme les Beatles se crurent obligés de faire pour Pete Best ? Pourriez-vous mettre votre ego de côté dans l'acte sacrificiel d'intégrer des gens aussi talentueux que vous à votre rêve, comme le fit John en acceptant Paul et George dans son groupe, les Quarrymen ?

- Même si les quatre Beatles incarnaient la force centrale sur laquelle reposait leur rêve, ils ont néanmoins créé un superbe cercle intime de personnes dignes de confiance qui s'engageaient plus qu'on ne les embauchait. Connaissez-vous quelqu'un qui aurait cette attitude? Comment vous y prendriez-vous? Votre rêve et votre personnalité sont-ils irrésistibles au point de garantir la loyauté requise pour inspirer autrui à travailler assidûment à des tâches ingrates – mais si essentielles – pour le groupe?

- Être *fab*, c'est rivaliser avec vous-même et avec votre équipe immédiate, à l'instar de Paul et John pour l'écriture, mais aussi avec des pairs que vous respectez. Qui respectez-vous suffisamment pour rivaliser avec lui (ou elle), ou ne cherchez-vous qu'à surpasser quelqu'un qui fait présentement fureur? Procurez-vous le *Pet Sounds* des Beach Boys et écoutez-le attentivement. Votre rêve pourrait-il inspirer vos pairs autant que celui de Brian Wilson inspira les Beatles?

- Partagez-vous souvent les avantages acquis lorsque vos rêves deviennent réalité? Êtes-vous très généreux de votre temps et de votre talent envers les compétiteurs qui vous entourent? Les Beatles l'étaient. Ils n'avaient jamais peur d'épuiser leur talent. Au contraire, ils puisaient dans une mine de compétences et d'assurance. Voyez-vous les avantages de partager votre abondance et vos talents comme le firent si souvent les Beatles? Voyez-vous comment vous pourriez faire s'accroître et s'enrichir votre rêve en *ne vous cramponnant pas* à cette abondance ni en la cachant?

Chapitre 5

LE CONTRÔLE

Dès le tout début, par pur esprit pratique, nous avons adopté une règle, à savoir : si une chanson était déjà oubliée le lendemain, c'est qu'elle ne valait rien. Si après l'avoir écrite, nous ne pouvions nous en souvenir, comment espérer que le commun des mortels puissent s'en rappeler. Et c'est une règle à laquelle nous nous soumettions.

Paul McCartney

Attardons-nous quelque peu sur un thème de première importance dans la voie des Beatles : le *contrôle*.

Ne vous y trompez pas, les Beatles ont créé et exercé leur contrôle pratiquement sur chaque aspect de leur carrière, depuis leur image visuelle – vêtements, coiffures, présence sur scène – jusqu'à la direction et la qualité de leur musique et de leurs films, sans oublier ceux qui rendaient le tout possible.

Comme le révèle l'épigraphe du présent chapitre, la direction que prenait leur écriture était contrôlée de l'intérieur, jamais de l'extérieur. Il importe de le mentionner ici, car, à ce jour, une fausse perception des Beatles veut qu'ils aient été menés comme des nigauds par leur gérant, leur producteur et leurs maisons de disques, leurs réalisateurs (de films), voire leurs épouses et leurs petites amies.

Loin de là! Le présent chapitre se concentrera sur la façon dont les *Fab Four* ont pratiquement tracé chaque route qu'empruntait leur carrière. Toute aide qu'ils recevaient était sollicitée auprès de personnes observées avec soin pour garantir qu'elles feraient avancer leur rêve.

Richard Lester – en tant que réalisateur des films *A Hard Day's Night* et *Help!* – constata *de visu* l'aptitude des Beatles à mener leurs propres affaires : « Dès le tout début, je ne saurais dire combien de décisions furent prises par Brian Epstein. John possédait une personnalité très forte, et le groupe même en tant que quatuor avait son mot à dire quant à ce qu'il désirait accomplir. Il aurait été très difficile d'imposer une idée à ces quatre garçons. »

ÊTRE SOI-MÊME

« Act Naturally »

(*Help!*, 1965)

Approfondissons l'attitude du « faites-le vous-même » que le groupe a brandi durant toute sa carrière. Quoique d'une simplicité dérisoire en apparence, aujourd'hui l'engagement au *naturel*, à simplement « être soi-même », est pratiquement un art perdu. Nous vivons dans un âge de « rectitude politique » où un commentaire déplacé peut susciter des grimaces de désapprobation ou, pire encore, nuire à une carrière. Tous –

des vedettes du sport aux politiciens et aux étoiles du cinéma – sont entraînés par des experts en média à dire ce que les gens veulent entendre. Mais la sagesse *fab* veut qu'on soit vrai, conforme à sa nature, bref, naturel. Quel soulagement !

Cela peut paraître évident, car nous connaissons et nous aimons les Beatles pour qui ils étaient ; mais pensez-y un instant. Défiant la volonté des studios de fabriquer leur image pour eux, les Beatles fumaient, buvaient en public un mélange de scotch et de coke, portaient leurs cheveux trop longs, faisaient librement de l'esprit avec la presse et informaient plus tard le monde qu'ils étaient fiers d'avoir essayé la marijuana et le LSD. En cette ère de rectitude politique, de leçons particulières en image de marque et d'experts en marketing, aucune personne prospère n'agirait de cette façon.

« Avec nos disques, nous avons apporté une image globale », nous dit Paul en parlant du naturel. « Nous étions les premiers artistes rock à ne pas raconter des histoires aux jeunes sur le lait, et l'Amérique en fut choquée. *Un scotch et coke*, nous demandait-on, à la télévision et à la radio ? Et nous de répondre : *Oui, un scotch et coke.* Ou on nous disait : *Vous ne pouvez pas fumer !* Nous étions des gars honnêtes et cela nous a parfois attiré des ennuis. Mais nous n'avons pas cédé à l'hypocrisie pour autant. Nous faisions des observations sur le monde tel que nous le voyions. Nous étions honnêtes et notre approche l'était aussi. Nous disions carrément ce que nous pensions, ce qui choqua bon nombre d'Américains. »

Cette approche naturelle, qui consiste à « être soi-même », fonctionnait à merveille pour les *Fab Four*. Dès 1960, presque la moitié des adolescents de Liverpool faisait partie de groupes rock. La plupart d'entre eux, toutefois, imitaient le groupe vedette britannique de l'époque – Cliff Richard and the Shadows –, une version édulcorée d'Elvis. Mais pas les Beatles, qui restaient fidèles à leur amour du R&B, du *rock and roll* et du soul. Cette aptitude à obéir à leur cœur plutôt qu'au palmarès – voilà ce qui les rendait uniques d'abord à Liverpool, puis à travers le monde.

Dans ce contexte, un des derniers albums sous l'étiquette Apple des Beatles fut *Two Virgins*, de John et Yoko, lancé pendant que le groupe était toujours ensemble et dont la pochette montrait le couple complètement nu aux yeux du monde entier. John Lennon déclare : « Nous étions amoureux et à l'aise avec notre corps. » Tu parles d'un naturel !

Un autre point qu'on pourrait classer dans la catégorie « évidence *non* évidente » pour être *fab*, c'est la décision du groupe de *ne pas* faire une forte impression en scandalisant le monde. Préférant ne pas s'exprimer explicitement sur la sexualité dans leurs prestations, fût-ce en spectacle, sur film ou sur disque, ils comptaient plutôt sur leur élégance inhérente – qu'on peut qualifier de *classe* – ainsi que sur leur talent et leur détermination. Et cela ne leur a pas nui d'avoir également les meilleurs tailleurs et coiffeurs d'Angleterre ! Mais afficher sa sexualité s'avérait trop simple. Et tel ne fut *jamais* le message du groupe. Les Beatles écrivaient et jouaient de l'excellente musique dont le principal thème lyrique était fort simple : l'amour.

Voici quelques échanges entre John, Paul et la presse sur l'importance d'être soi-même, échanges survenus lors de la tournée australienne de 1964 :

Question :

« Êtes-vous très conscients de vos responsabilités ? Les adolescents s'arrêtent sur chacune de vos paroles et de vos actions. Vous sentez-vous très responsables à cet égard ? »

John :

« Non. Nous agissons de façon aussi normale que possible, vous savez. Nous n'estimons pas devoir prêcher ceci ou cela. Qu'ils fassent ce qu'ils veulent. »

Paul :

« Nous n'étions jamais dupes quand nous lisions dans une revue : *Un tel ne boit pas, ne fume pas, ne rentre pas tard.* Nous nous comportions donc normalement. »

Question :

« Vous dites agir de façon normale, mais comment est-ce possible quand partout où vous allez, les gens perdent la tête ? »

John :

« J'entends : de façon normale dans *notre* environnement. »

Et voici ce qu'en disait George en 1964 :

Question :

« Une chose que j'ai remarquée chez les Beatles, c'est que vous n'affectez pas une attitude de *grandes vedettes.*

George :

« Je crois que c'est là un des grands facteurs qui ont contribué à notre succès. Nous sommes toujours restés naturels. Nous avons toujours détesté cette fausse image de vedette, vous savez. Nous préférons de loin rester nous-mêmes. Nous nous sommes toujours dits : *Si on ne nous aime pas comme nous sommes, tant pis.* Et on nous a aimés. Les gens préfèrent ceux qui sont naturels. »

Plus tard, George approfondira sa pensée : « Nous étions d'une honnêteté très simple, voire naïve, qui était liée à nos origines. Tous les natifs de Liverpool se croient comédiens, et nous ne faisions pas exception à la règle. Et c'est ce qui nous a permis de persévérer, de survivre à de nombreuses et rudes épreuves. »

En plus d'être naturel, être *fab* revient aussi à se défendre lorsque c'est nécessaire. Les journalistes s'acharnaient à vouloir provoquer le groupe pour qu'il émette quelque commentaire controversé ou qu'il fasse un faux pas qui pourrait faire la une. Mais être naturel ne signifie pas pour autant laisser les autres nous prendre pour un idiot. Ceux qui allaient trop loin essuyaient sans délai les reproches cuisants des quatre Beatles, comme le démontrent clairement les propos suivants émis lors d'une conférence de presse :

John :

> «On dit que nous sommes impolis. Ce qui est vrai lorsqu'on l'est envers nous.»

Paul :

> «Si quelqu'un se montre impoli envers nous, il serait stupide de notre part de rester là à sourire. Personne n'accepterait une telle situation. Peu importe si c'est une personnalité très connue. C'est tout simplement stupide de ne pas réagir. C'est bien de tendre l'autre joue, mais c'est ainsi qu'on se fait casser la figure !»

John, notamment, quittait les lieux lorsqu'il avait l'impression que le groupe était maltraité. Paul, lui, signait souvent un faux nom quand il se voyait confronté à des collectionneurs d'autographes arrogants. Ils n'étaient pas esclaves de leur quête de célébrité. Aucun objectif ne mérite qu'on lui sacrifie sa dignité personnelle, nous dit le secret des Beatles.

Dans quelle mesure votre mode de vie s'avère-t-il naturel ? Vous sentez-vous complètement à l'aise en paroles et en actes dans votre quotidien ? Lorsqu'on se montre impoli envers vous, osez-vous dire franchement ce que vous pensez ou fixez-vous vos souliers sans rien dire ? Lors d'une réunion de travail, révélez-vous le fond de votre pensée ou vous réfugiez-vous dans le silence ? Être *fab*, c'est être naturel – et non agir comme vous croyez que les autres voudraient vous voir agir, ou pire encore, essayer d'être ce que les autres vous dictent. Ce seul principe peut complètement et pour toujours transformer votre mode de vie si vous l'appliquez. Essayez-le :

la prochaine fois que quelqu'un passe devant vous au super-marché, ravalez vos craintes et parlez! «Pardon», direz-vous, «vous pouvez être en tête, mais derrière moi!»

LA CONVENTION DU NOM

« You, you know, you know my name... »
(*You Know My Name*, la face B du simple *Let It Be*, 1969)

Nous l'avons déjà vu, les Beatles prenaient au sérieux le conseil de Mahatma Gandhi: «Créez et préservez l'image de votre choix». Les Beatles vivaient selon cette philosophie dans leur rêve global de succès comme dans les petits détails importants de tous les jours.

Pour commencer, les *Fab Four* gardèrent leurs noms de naissance. Et ce, à une époque où la plupart des vedettes de la scène rock de Liverpool changeaient le leur pour celui de Billy Fury, Rory Storm ou Tommy Steele. Sauf pour Ringo Starr, qui avait changé son nom avant de rejoindre le groupe, des noms comme John Lennon, George Harrison et Paul McCartney n'étaient pas exactement des noms de vedettes. Là encore, ils croyaient que le talent suffirait pour leur gagner renom et respect.

Sans oublier, bien sûr, le nom génial du groupe: «les Beatles». Aucun professionnel de la promotion n'eut à concevoir quelque nom original pour le groupe, car ils en puisèrent eux-mêmes l'inspiration dans leur héritage musical. Bien qu'il ne soit pas clair qui découvrit ce nom – certains disent Stu Sutcliffe, d'autres John Lennon –, il découle certainement de leur amour pour le rocker texan Buddy Holly, dont le groupe s'appelait «les Crickets».

Avec leur amour des jeux de mots, ils changèrent le mot «Beetle» en «Beatle», un nom qui plaît encore à ce jour par son astuce élégante. Brian Epstein écrit dans son livre *A Cellarful of Noise:* «Je me demande ce qui serait advenu si le groupe s'était nommé *The Liverpool Lads*?» En effet.

Leur aptitude à trouver des noms irrésistibles ne s'arrêta pas là. Les *Fab Four* nommèrent leur premier film *A Hard Day's Night* grâce à Ringo. Ce titre est également cité dans le premier livre de John, *In His Own Write*, publié durant le tournage du film.

Quant au film *Help!*, le groupe ne se laissa pas intimider par le scénariste qui avait conçu le titre *Eight Arms to Hold You*, et ce, même après que les disques Capitol l'eurent utilisé sur les premiers 45 tours et messages publicitaires antérieurs au film. Au contraire, c'est probablement un des membres du groupe qui l'a trouvé. Lorsqu'on écoute attentivement la scène où Ringo se fait kidnapper par des « savants fous à lier », on l'entend crier : « *Help! Help me!* » Il est facile d'imaginer John se disant : « Voilà un bon titre ! » Paul McCartney raconte : « Nous avions quelques idées, mais elles ne fonctionnaient pas. Il nous fallait un titre que tous les quatre aimerions et dont ils diraient : *Voilà!* Comme *A Hard Day's Night*, on savait sur-le-champ que c'était le titre qu'on cherchait. »

Une autre preuve du contrôle qu'ils exerçaient sur leurs affaires réside dans l'attribution du nom Apple Corps Ltd. à leur société. En plus d'être un calembour, le nom était basé sur un incident de leur vie. Le nom et le logo de la pomme verte sont nés de l'admiration de Paul pour un tableau de René Magritte qu'il possédait, *Le Jeu de Mourre*. Paul explique : « On se demandait quel nom donner à cette entité. A comme dans Apple. Serait-ce le nom que nous cherchons ? Puis, j'ai pensé : *La pomme de Magritte, ça c'est vraiment* une pomme, *une grosse pomme verte.* J'en ai donc parlé au publiciste. »

Le nom s'avéra lucratif, mais d'une façon absolument imprévue, une décennie après que l'entreprise ait vu le jour. Paul McCartney explique : « Une de nos plus grandes réussites fut de réserver les droits sur le nom. Nous soupçonnions que quelqu'un nous le piquerait pour en faire sa marque de commerce. Plus tard, quand Apple Computers vit le jour, nous sommes allés les voir pour leur dire : *Excusez-nous, mais le nom Apple nous appartient. Vous ne pouvez faire des affaires sous ce nom.* Quand ils ont répondu : *Nous allons devenir gigantesques dans le domaine de l'informatique,* nous leur avons dit : *Dans ce cas, négocions.* Ce que nous avons fait ; nous avons négocié une très forte somme d'argent. »

Contrôler vos propres concepts de nomenclature peut ne sembler important que si vous attendez un bébé. Faux ! Que vous inauguriez votre propre entreprise ou rédigiez un scénario, la nomenclature revêt une grande importance. À titre d'exemple, Intel dépensa des centaines de milliers de dollars dans la recherche d'un nom pour un nouveau produit après avoir réussi à commercialiser ses microprocesseurs 286, 386 et 486. Logiquement, Intel aurait pu l'appeler 586, mais on préférait innover. Dérivé de la racine grecque *penta* (« cinq »), le nom Pentium fait désormais partie de notre vocabulaire quotidien, à tel point que plusieurs ordinateurs sont incorrectement surnommés « ordinateurs Pentium ».

CRÉER VOTRE IMAGE

« And the way she looked was way beyond compare... »

(*I Saw Her Standing There*, 1963)

Le style des Beatles était également un élément crucial. Ils y ont travaillé dès leurs débuts, le raffinant tout au long de leur carrière. Considérons le style *beatlesque* : équilibré, un peu sexuel, voire androgyne. Côté photos, ils conçurent et gardèrent cette allure déterminante : le manche de la basse Hofner de Paul toujours orienté vers la gauche ; George, posé mais souriant, toujours placé au milieu ; et John à droite, sa Rickenbacker noire et blanche réfléchissant les projecteurs et le manche orienté vers la droite. Et, bien sûr, Ringo à l'arrière sur un piédestal, perché sur son tabouret comme un sage présidant aux destinées du groupe, avec le nom du groupe imprimé en gros caractères élégants sur sa grosse caisse.

Aucun détail n'est trop minime quand vous poursuivez vos rêves selon la voie des Beatles. Il y avait aussi la façon dont les Beatles secouaient la tête en chantant « woo! » sur leurs premiers disques. C'était un geste délibéré, envers et contre toutes les railleries de leur pairs à Liverpool. Sans oublier la révérence *beatlesque*, révérence qui les a fait aimer de millions d'admirateurs. Paul disait de cette pratique ingénieuse : « Nous avions l'habitude de compter 1, 2, 3, car nous faisions ce salut cérémonieux comme un seul homme. »

Et n'allez pas croire que c'est Brian Epstein qui les a incités à se défaire de leurs costumes de cuir assortis. Paul remet les pendules à l'heure : « Les costumes de cuir étaient dépassés de toute façon et nous avions déjà conclu qu'on était tous ridicules vêtus de cuir. Nous avions l'impression qu'on se moquait de nous, que nous avions l'air d'une bande d'idiots. Brian Epstein a suggéré qu'on porte des complets ordinaires – il croyait que cela nous favoriserait grandement. J'étais enclin à accepter ses idées théâtrales. Je ne crois pas que cela nous posait problème, sinon nous aurions refusé. »

Passons à leur coiffure. Arborée à l'origine par leurs amis artistes Astrid Kirchherr et Jurgen Vollmer de Hambourg, cette coupe était beaucoup plus courte. Mais John et Paul décidèrent de garder les cheveux plus longs dans le cou ; c'était donc l'association de la coupe de Hambourg et de leurs propres notions de la mode.

John ayant reçu un billet de cent livres pour son vingt et unième anniversaire, lui et Paul avaient décidé de prendre des vacances en Espagne. Paul raconte : « Nous avons quitté Liverpool en faisant de l'auto-stop. Parvenus à Paris, nous avons choisi d'y passer une semaine. Nous nous sommes

éventuellement fait couper les cheveux par Jurgen Vollmer. »
Ainsi, est née la « coupe Beatle ».

Durant ce même séjour à Paris, Jurgen visita un marché
aux puces avec John et Paul ; ceux-ci y achetèrent de courts
vestons sans collet, semblables à celui que portait leur ami
Stu Sutcliffe à Hambourg et pour lequel ils avaient craqué. Ce
veston devint par la suite le veston classique de la *Beatlemania*. Les bottes *beatlesques* portées à cette même époque
sont aussi nées de leur choix personnel, influencé par leur
séjour à Hambourg.

L'attention que les Beatles portaient à leur image devint
un avantage considérable dans d'autres domaines. À titre
d'exemple, ils concevaient également les pochettes de leurs
albums comme des œuvres artistiques, tant et si bien qu'elles
sont encore imitées aujourd'hui. L'attention qu'ils accordaient
au design de ces pochettes se manifesta d'abord avec leur
second album. À cette occasion, ils avaient choisi de travailler
avec Robert Freeman, qui les avait photographiés en tournée
et dont la personnalité leur plaisait. Pour la fameuse pochette
de *With the Beatles*, George disait que le groupe avait apporté
des photos prises d'eux à Hambourg par Astrid Kirchherr –
celles où leurs visages sans sourire ne sortaient qu'à moitié de
l'ombre. « Pourquoi ne pas réaliser des photos de ce genre ? »,
avaient-ils demandé à Freeman.

S'impliquant intégralement dans la conception des
pochettes d'album, Paul apportait des croquis à Peter Blake,
l'artiste choisi par le groupe pour l'aider à créer la pochette de
Sgt. Pepper. Admirateur de l'artiste avant-gardiste Richard
Hamilton, Paul lui demanda conseil pour la pochette du
Double-Blanc. Hamilton suggéra qu'après celle très colorée de
Sgt. Pepper, il convenait peut-être de réaliser une pochette
très simple pour le nouvel album, grâce à un sobre fond blanc
pour une « édition limitée » dont chaque exemplaire serait
numéroté. De plus, le nom *Beatles* serait légèrement en relief.

Paul, qui appréciait ces idées, travailla personnellement avec Hamilton et arrangea les photos pour l'affiche incluse avec l'album. L'attention que Paul portait au moindre détail est aussi évidente sur *Abbey Road*. Il apporta ses croquis pour la fameuse photo du groupe traversant la rue. Sa conceptualisation de la scène incluait même le passage pour piétons.

En effet, les Beatles se préoccupaient de leur image depuis leurs modestes débuts avec cheveux à la Elvis, aux voyous vêtus de cuir, aux princes de la musique pop, aux hippies bien vêtus. Ils étaient conscients de l'importance de garder un *look* unique, en avance sur son temps et toujours irrésistible. Le principe du contrôle de l'image ne saurait être sous-estimé, car bien que la musique des Beatles soit l'héritage artistique laissé par le groupe, imaginez le groupe s'ils n'avaient été que quatre «Monsieur Tout-le-monde», vêtus de t-shirts en lambeaux à quelque étape de leur carrière mirobolante.

Comment ce principe vous affecte-t-il au quotidien? Vous habillez-vous seulement pour les grandes occasions ou vous souciez-vous de votre allure et de son impact sur la probabilité que votre rêve se réalise? Votre image reflète-t-elle la femme ou l'homme intérieur? En ce qui concerne les Beatles, leur naturel incluait le fait de suivre de près la mode. Ils aimaient être habillés avec chic et être aussi propres qu'élégants à leurs débuts. Plus tard, les quatre Beatles optèrent pour le style *hippie* qu'imitent encore à ce jour les grands couturiers.

Le *look* à la mode peut paraître superficiel, mais le fait est qu'on en reste maître. Avant même de vous connaître, les gens vous jugeront selon votre apparence. Quelle première impression désirez-vous leur offrir? Quels nom et vêtements vous faut-il pour faire cette impression?

LES CONDITIONS ET LE MILIEU DE TRAVAIL

« When I'm home, everything seems to be right... »

(*A Hard Day's Night*, 1964)

N'oublions pas ici l'essentiel. Malgré leur image unique (cheveux, costumes, bottes), l'élément le plus important, le plus durable, aux yeux des Beatles, consistait à créer un produit de qualité.

Quant à la musique, les Beatles adhéraient à un standard d'excellence très élevé. Pas question de relâcher un tant soit peu le contrôle qu'ils exerçaient sur chaque aspect de leur musique – de l'écriture jusqu'aux prestations et aux techniques d'enregistrement.

Voyons donc de plus près qui dirigeait le studio durant les sessions d'enregistrement des Beatles. Croyez-vous que c'était George Martin ? Sûrement au début, mais écoutons un commentaire révélateur de Paul : « Quand *Sgt. Pepper* fut lancé, les critiques ont dit que c'était *le meilleur album* de George Martin. *Pardon ?* fut notre réaction. George Martin est fantastique ! Il est aimable et nous l'aimons tous. Mais n'allez pas croire un instant que c'est son œuvre. Il était le producteur, d'accord, mais il n'aurait pas pu créer cet album avec Gerry and the Pacemakers ! »

John disait de l'époque où les Beatles travaillaient avec George Martin : « Nous avons beaucoup appris ensemble. » Et George Martin dit lui-même : « Paul et John étaient les principaux instigateurs de *Sgt. Pepper;* leur inspiration, leurs concepts d'origine, s'avéraient d'une importance primordiale. Je ne faisais que les aider à concrétiser leurs idées. » Paul réitère ce point : « Une chose qu'on ignore généralement, c'est que John ou moi – ou quiconque était en charge de l'orchestration – se rendait chez George Martin ou lui chez nous; on s'assoyait alors (pour revoir les arrangements). »

George Martin n'a jamais nié l'habileté ou le don d'invention des Beatles au studio, surtout après que le groupe eut rapidement appris les moindres détails du travail requis : « Au début, j'étais comme un maître avec ses élèves, car ils ne connaissaient rien dans le domaine de l'enregistrement. Mais à la fin, j'étais devenu le serviteur et eux les maîtres. »

Qui plus est, le groupe dut littéralement concevoir sa propre aura créatrice dans l'environnement clinique des studios d'Abbey Road appartenant à EMI, et ce, même aux jours heureux de la *Beatlemania*. En fait, tandis que la ténacité du groupe à faire des tournées s'avérait cruciale pour le succès des Beatles, leur dévouement au travail de studio révèle une étonnante durabilité dans des circonstances loin d'être parfaites. George Harrison disait récemment : « Tout étant très pratique aux studios d'Abbey Road, nous avons dû y créer une ambiance. Après quelques années, nous leur avons finalement demandé des lumières de couleur ou un interrupteur à gradation de lumière (pour briser la monotonie de l'éclairage fluorescent vertical). Après trois ans, ils nous ont enfin apporté un support d'acier doté de quelques lumières rouges et bleues au néon. »

George ajoutait que même le réfrigérateur de la cafétéria au studio était fermé avec un cadenas. De sorte que si le groupe voulait une tasse de thé après les heures de bureau, il fallait littéralement briser le cadenas pour obtenir un peu de lait. « Chaque soir pendant cinq ans, c'était la même histoire ! Ils n'ont jamais réalisé : *Oh, ils prennent le thé après six heures ; ne fermons pas le frigo à clé.* Non, ils le verrouillaient tous les jours ! »

La musique était le gagne-pain des Beatles. Ils se souciaient donc du moindre détail du milieu où ils créaient cette musique, y compris l'éclairage de leur studio préféré et le tout petit réfrigérateur qui s'y trouvait.

Comment ce souci du détail s'applique-t-il à vous? Supposons que vous songiez à démarrer une entreprise à domicile où vous travaillerez de huit à dix heures par jour. Avez-vous créé un environnement aussi confortable que décontracté, un milieu où votre créativité sera stimulée? Peut-être dirigez-vous déjà votre propre commerce ou possédez-vous un bureau où vous *ne* pouvez faire le moindre travail. Regardez autour de vous. Pourquoi ne pas transformer l'endroit pour l'adapter à votre être intérieur? Et le reste de votre maison? Avez-vous créé une pièce familiale aussi confortable qu'accueillante, où les membres de la famille se rencontrent pour se stimuler mutuellement, peuplée de bons livres et de bonne musique?

LE SOUCI DU DÉTAIL

« Every Little Thing »
(*Beatles for Sale*, 1964)

Par contrôle, on entend non seulement une stricte adhésion à votre rêve initial, mais aussi l'aptitude à s'adapter aux influences extérieures, dont on se servira comme outils pour s'améliorer.

Du début à la fin de leur carrière, les Beatles surveillaient de près les palmarès, tout autant que leurs pairs. L'empressement à rivaliser amicalement avec ses pairs tout en apprenant simultanément d'eux est un facteur important lorsqu'on vit selon le secret des Beatles. À titre d'exemple, Paul soutient que la chanson *Daydream* des Lovin' Spoonful est responsable de l'ambiance joyeuse de *Good Day Sunshine*. Il reconnaît aussi que le style acoustique de la fin des années 60 du groupe Canned Heat influença sa chanson *Two of Us* et le concept global du retour aux racines de l'album *Let It Be*.

Bien sûr qu'ils écoutaient – et étudiaient – les disques de leur temps. Lors d'une interview à l'époque de la *Beatlemania*, un journaliste posa une question piège à Paul sur le numéro un au palmarès anglais par les Animals. Le journaliste voulait savoir si la chanson à succès *House of the Rising Sun* signifiait la fin du règne des Beatles sur disque. Et Paul de répondre aussitôt: « Bien sûr que non. » Ayant déjà étudié en détail cette chanson, Paul avait remarqué que Bob Dylan l'avait lui-même enregistrée plusieurs années auparavant.

Outre l'influence de Dylan sur les chansons de John, les disques et les arrangements vocaux des Beach Boys ont certes influencé *Paperback Writer* et *Penny Lane*. Paul a d'ailleurs avoué qu'il désirait une « fraîcheur à la Beach Boys » pour cette dernière chanson. Et les Beach Boys ont aussi exercé leur influence sur sa chanson à saveur « surf », *Back in the U.S.S.R.* En fait, Mike Love, le chanteur soliste des Beach Boys, suggéra le thème lyrique des « filles d'Ukraine et de Moscou » au cours d'une conversation avec Paul à l'ashram du Maharishi Mahesh Yogi en Inde.

Et la chanson *Hello Goodbye*, écrite par Paul en 1967 lors d'une période creuse, fut une sage décision. C'était la réponse des Beatles à toute la guimauve popularisée par les Monkees et Tommy James and the Shondells, entre autres.

Avoir l'œil sur les moindres détails d'un rêve, voilà ce qui était aux yeux des Beatles une composante essentielle pour être *fab*. Non seulement avaient-ils l'œil sur les palmarès et l'oreille sur la musique de leurs pairs, mais ils faisaient en sorte que chaque seconde de leurs disques compte.

Citons, à titre d'exemple, *I Want to Hold Your Hand*. À elle seule, l'introduction est déroutante, car elle ne donne aucune indication sur la tonalité de la chanson, mais elle commence plutôt celle-ci par les dernières mesures de la section du milieu (la partie « I can't hide »). Tout cela est soutenu par un rythme insistant qui laisse l'auditeur perplexe quant au tempo qui s'installe. Par surcroît, les voix (« Oh yeah, I... ») font leur entrée deux temps avant le début du couplet.

Notons aussi l'arrangement musical de la section du milieu, qui brille par ses arpèges (où les notes d'un accord sont jouées en succession rapide plutôt que simultanément, plaquées). Pour couronner le tout, on peut écouter les joyeux claquements de mains, lesquels ajoutent une touche personnelle au disque. Et pour compléter cette mini symphonie d'effets flamboyants, le groupe termine par une finale à vous couper le souffle : deux triolets de noires bien découpées. Tout cela en deçà de deux minutes et vingt-quatre secondes !

En écoutant attentivement *If I Fell*, une chanson du film *A Hard Day's Night*, on remarque que la voix de Paul se casse nettement sur le mot *vain* dans la ligne « And I would be sad if our new love was in vain ». Et dans la chanson *Day Tripper*, il manque une note au riff de guitare accrocheur vers la fin du disque. Ces erreurs apparentes furent ajoutées intentionnellement. John précise que le groupe s'efforçait d'ajouter un élément hors champ dans plusieurs de leurs chansons pour « voir si quelqu'un s'en apercevrait ».

Voici un petit secret concernant les bruits d'origine animale que contient la chanson *Good Morning, Good Morning*, qu'on retrouve sur l'album *Sgt. Pepper*. Les bruits de basse-cour entendus à la fin de cette chanson furent montés de façon à indiquer que chaque animal sert de nourriture à celui qui lui succède dans cette séquence voulue par John. Quel souci du détail !

La sagesse *fab* veut que le souci du détail inclue d'aussi menus détails que l'omission d'une note de guitare dans une chanson à succès ! Considérez votre souci des détails qui constituent vos projets de rêve. Êtes-vous au courant des dernières tendances que visent vos objectifs ? À combien de revues et journaux liés à votre domaine êtes-vous abonné ? Prenez-vous le temps de revoir les moindres détails des projets que vous développez ? À la maison, entretenez-vous des rapports quotidiens avec vos enfants ? Peut-être est-il temps pour vous de retrousser vos manches et d'apprécier les détails de votre propre vie et les personnes qui en font partie intégrante.

SE SOUCIER DE SON PUBLIC

« Thank You Girl »

(Face B du simple *Please Please Me*, 1963)

En plus de maintenir constamment un haut degré de qualité dans leurs enregistrements, la matière des chansons des Beatles – spécifiquement à leurs débuts – était directement orientée vers leur public. De fait, on pourrait qualifier ces fans de « clients », quoique l'amour du groupe pour leurs *fans* était plus profond. Cette décision d'écrire des chansons s'adressant directement à leurs *fans* naissait d'une affection profonde. Les Beatles pouvaient communiquer avec leurs *fans*, car ils avaient éprouvé un amour semblable pour leurs propres idoles : Elvis, Little Richard et Chuck Berry, entre autres.

Et cette histoire d'amour se manifesta d'emblée dès les premiers indices de succès. « Nous aimions vraisemblablement le public du Cavern plus que tout autre. Il était fantastique », disait George à propos du début des années 60. « Nous n'avons jamais cessé de nous identifier au public. Nous n'étions pas comme les autres groupes qui copiaient sans cesse (les Shadows, un groupe populaire à l'époque). On jouait pour nos *fans* qui nous ressemblaient. Nous aimions ça, et eux aussi. »

George s'exprima de façon encore plus directe sur ce point en 1964 : « Peu importe comment on voit la chose, les Beatles – comme tout autre groupe au palmarès – dépendent entièrement de leurs *fans*. Il serait inutile de trouver une bonne chanson et d'en faire un enregistrement du tonnerre sans les *fans* pour l'aimer ou la détester. Ils sont d'une importance vitale pour tout artiste. L'artiste à succès qui déciderait d'oublier ses *fans* ferait tout aussi bien de renoncer à sa célébrité. »

Paul explique rétrospectivement cette admiration des Beatles pour leurs *fans*: «En écrivant une chanson appelée *Thank You Girl*, nous savions que plusieurs des filles qui nous envoyaient des lettres d'admiration y verraient des remerciements sincères de notre part. Ainsi, plusieurs de nos premières chansons s'adressaient directement aux *fans*. » La sollicitude du groupe pour eux inspira ce commentaire de John quand son chauffeur chercha à empêcher des *fans* de prendre d'assaut sa Rolls-Royce: «Laisse-les faire! Ils l'ont payée, ils ont le droit de la démolir! »

Dans le même contexte, au cours d'une conférence de presse en juin 1964 à Sydney, Australie, le groupe expliqua pourquoi ils étaient restés sous une pluie diluvienne simplement pour saluer leurs *fans* de la main lors d'une réception à l'aéroport:

George:

« Comme nos *fans* étaient trempés jusqu'aux os, cela ne nous dérangeait pas de l'être aussi. »

Reporter:

«Ayant attendu toute la nuit, ils ont vraiment apprécié votre geste. »

John:

« Ils le méritaient bien, non? »

Les Beatles gardaient également leur *fan-club* en opération, même s'il n'avait jamais réalisé aucun profit. En plus d'expédier plus de quarante mille bulletins et affiches plusieurs fois par année, il fallait compter les salaires de deux employés à temps plein, qui coordonnaient les activités de quarante bénévoles, et les frais de location d'autant de bureaux à travers le monde.

Il ne faut pas oublier le message de Noël enregistré chaque année par le groupe et distribué aux membres de leur *fan-club*. La dernière année que les Beatles furent un groupe (1970), ne trouvant pas le temps d'enregistrer un nouveau message – car ils s'en allaient déjà chacun de leur côté –, on a réuni sur un même album les messages des sept années précédentes.

Cet empressement à plaire à leurs *fans* n'est pas disparu avec les jours heureux de la *Beatlemania* : mais il persista même lorsque les Beatles s'apprêtèrent à réaliser l'album *Sgt. Pepper*. Paul nous parle ici de ce projet : « Nous voulions présenter un excellent disque, dont l'épaisse couverture durerait des années et qui comporterait quelques extras (insignes et macarons, paroles reproduites pour la première fois et double pochette), tout ça pour le prix d'un disque habituel. »

Il ajoute : « Notre maison de disques n'arrêtait pas de dire : *Non, cela ferait monter le prix !* Nous avons fait le diable à quatre ! Mais je ne vois pas pourquoi on ne se battrait pas pour de telles choses. Tout ce que nous voulons, c'est que les gens en aient pour leur argent. Ce qui les incitera certes à acheter le prochain disque. C'était donc une décision des plus sages à nos yeux. (Quand j'étais jeune), je me rendais le samedi matin chez un disquaire de Liverpool appelé Lewis avec mes dix shillings. Après avoir acheté un disque, je prenais l'autobus où, après avoir sorti le disque du sac d'emballage, pendant une demi-heure je lisais l'étiquette, la pochette, tout. Je me suis donc dit au sujet de *Pepper : Voici un concept global*. La pochette sera remplie de petits extras, de sorte que dans trois mois, les gens diront : *Oh, je n'avais pas vu ça !* Le principe était de mettre le paquet. »

Ringo résume leur attitude *fab* envers les *fans* dans ces paroles sincères prononcées en 1964 : « Ce sont les *fans* qui font de vous une vedette ; sans eux, on n'est rien. Nous les aimons donc autant qu'ils nous aiment. »

Votre rêve incorpore vraisemblablement d'autres personnes, non ? Il vous faut ainsi contenter autrui – vos enfants, vos clients, vos collègues – pour que votre rêve devienne réalité. Dans quelle mesure considérez-vous ce que ceux-ci désirent et requièrent de vous ? Les Beatles *aimaient* leur public et ils l'ont prouvé à maintes reprises. Le secret des Beatles exige que vous en fassiez autant.

Supposons que vous soyez peintre. Pensez-vous souvent aux réactions des gens qui voient vos tableaux ou aux « clients » potentiels ? Qui serait prêt à *payer* pour les acquérir ? Les Beatles *satisfaisaient* vraiment leur public. Si vous n'aimez pas le mot *satisfaire*, il vous faut reconsidérer la question. Les Beatles ont comblé leur public année après année depuis leurs débuts au Cavern jusqu'à la fin de leur carrière.

ÊTRE DIFFÉRENT COÛTE QUE COÛTE

« If there's anything that you want, if there's anything I can do... »
(*From Me to You*, 1963)

Même s'ils voyaient tous leurs plans contrariés l'un après l'autre par le bras américain de leur maison de disques (Capitol Records), les *Fab Four* continuaient de se soucier des détails des versions anglaises de leurs disques sur lesquelles ils conservaient un certain contrôle.

De fait, lorsque Capitol créa un « nouvel » album en réunissant différentes chansons inédites des Beatles sous le titre de *Yesterday... and Today*, le 15 juin 1966, ce n'était pas là un nouveau phénomène. Au cours des dix-huit mois que couvre la période de janvier 1964 à juin 1966, Capitol et United Artists Records avaient réussi à lancer presque deux fois plus d'albums des Beatles en Amérique qu'EMI Parlophone en Angleterre.

Capitol et UA ont accompli cet exploit en ayant recours à divers stratagèmes : en incluant moins de chansons par album (onze en moyenne, alors que les albums anglais en contenaient quatorze) ; en ajoutant des chansons déjà parues en 45 tours (contrairement aux albums anglais) ; en ajoutant des pièces instrumentales aux bandes originales des films des Beatles. Il est facile de comprendre que ceux-ci détestaient cette pratique, car ils désiraient que leurs *fans* – leurs clients – en aient pour leur argent.

Voici un extrait d'une interview où le groupe traite justement de cette question après la sortie de l'album *Help!* en 1965. La version américaine mise sur le marché par Capitol ne comportait que sept chansons des Beatles, le reste de l'album étant formé des musiques de leurs films assemblées par George Martin.

Question :

« Je crois comprendre que l'album *Help!* existe en deux versions différentes, l'une anglaise et l'autre américaine. Est-ce vrai et pourquoi en est-il ainsi ? »

Paul :

« C'est Capitol qui ajoute toutes sortes de trucs sans notre permission. Nous enregistrons quatorze chansons par album, mais ils en gardent deux ou trois en réserve pour plus tard, ce qui est embêtant, car nous concevons chaque album comme un tout. »

John :

« Nous planifions ainsi l'album et eux le sabotent. »

Paul :

« Je ne veux offenser personne chez Capitol, mais nous vous expédions l'album et vous y incorporez des pièces instrumentales tirées du film. J'estime que lorsqu'une personne achète un de nos disques, c'est nous qu'elle veut entendre et rien d'autre. »

George:

« Ils vont même jusqu'à remplacer la photo couverture par quelque chose d'idiot. »

Mais les fans du Royaume-Uni – dont les *Fab Four* se servaient comme baromètres personnels durant leur réussite continuelle – se voyaient offrir seulement les nouvelles chansons produites par le groupe, sans jamais avoir à payer deux fois pour la même chanson. John nous explique pourquoi le groupe avait en abomination ces magouilles de la part de Capitol et d'UA : « Au début, nous étions déterminés à ce que les gens en aient pour leur argent quand ils achetaient un de nos disques. Telle était notre politique : quatorze nouvelles chansons par album. Jamais nous n'avons inclus de chansons déjà sorties en 45 tours alors que c'est ce que tous faisaient – ils construisaient un album autour d'un 45 tours. »

À l'occasion, il peut arriver que votre rêve échappe à votre contrôle, comme ce fut le cas pour les Beatles quand leur maison de disques américaine les exploitait. Mais la sagesse *fab* veut que vous restiez concentré sur ce que vous pouvez contrôler. Apporter de l'énergie aux aspects négatifs de l'évolution de votre rêve ne servirait qu'à amplifier ces aspects. Travaillez davantage à infuser l'excellence à ce que vous désirez vraiment – non à ce que vous ne voulez pas.

LA MISE À L'ÉPREUVE

« You're gonna say you love me too... »

(*I Should Have Known Better*, 1964)

Comment savoir si votre rêve se réalise ? En surveillant les ventes de votre produit. De toute évidence, voilà un facteur dont les Beatles n'ont jamais eu à se préoccuper. Pour garantir la qualité constante de leur travail, le groupe jouissait d'un « test de marché » interne qui lui servait de critère. Voici ce qu'en disait Paul lors d'une interview qu'il accordait, en 1964, à l'animateur David Frost :

Frost :

« Comment déterminez-vous si une chanson est bonne après l'avoir écrite ? »

Paul :

« Si John et moi l'aimons, si nous croyons qu'elle est bonne. Il faut aussi savoir ce qui est commercial, ce que les autres aiment. »

Frost :

« Serait-ce une bonne chanson si vous l'aimiez, mais que personne ne l'achetait ? Cela ne vous est jamais arrivé. »

Paul :

« Cela a toujours fonctionné pour nous. Et de fait, nous n'aimons pas les mauvaises chansons. C'est aussi simple que ça. »

Ce genre de « test de marché » vit le jour dans les incubateurs rock que furent pour eux Hambourg et le Cavern Club de Liverpool. Essayer un répertoire de nouvelles chansons devant un auditoire : voilà un moyen efficace de découvrir ce qui fonctionne ou non.

Mais c'était avant que les auditoires hurlants deviennent la norme lors des spectacles des Beatles. En fait, avant d'envahir les *hit-parades* américains en occupant les cinq premières positions, ils accumulèrent les succès depuis presque deux ans au Royaume-Uni. Et parmi ceux-ci, quatre numéros un qui avaient d'abord fait leurs preuves devant un auditoire.

Les Beatles écoutaient aussi avec diligence ce qu'ils avaient accompli lors des sessions d'enregistrement au studio, qui s'achevaient souvent aux petites heures du matin. Il fallait donc faire des copies personnelles de leurs enregistrements quotidiens pour qu'ils puissent les écouter à la maison. Ces « mixages rudimentaires » peuvent être longs à produire – exigeant parfois autant de temps qu'un mixage final –

pendant qu'un groupe épuisé attend. Or, ce devoir s'avéra très utile à plus d'une occasion, permettant au groupe de prévoir quelles améliorations apporter à l'enregistrement et rendant par le fait même plus productive la séance du lendemain.

Vous avez probablement renoncé aux devoirs à la fin de vos études collégiales. Mais si vous vivez selon le secret des Beatles, faire ses devoirs sur son rêve constitue une activité naturelle. D'accord, vous passez une bonne partie de votre journée à transformer votre rêve en réalité, mais que faites-vous le soir ou le *week-end*? Passez-vous votre temps au pub ou au centre commercial ou encore à faire la queue au cinéma? Les Beatles apportaient à la maison le travail effectué pendant la journée au studio, puis ils passaient de longues heures à trouver des moyens de rendre la séance du lendemain encore meilleure.

SE FAIRE CONNAÎTRE

« Dear Sir or Madam, will you read my book... ? »

(*Paperback Writer*, 1966)

Une attitude de « faites-le vous-même » et le souci du détail imprégnaient chaque aspect d'être *fab*, même quand les Beatles devaient faire leur propre promotion. Un exemple nous en est offert dans une lettre de quatre cents mots écrits, par Paul, en 1960 à un journaliste rencontré dans un pub après un spectacle. « Cher M. Lowe », écrit Paul, « je regrette d'avoir attendu si longtemps avant de vous écrire. J'espère qu'il n'est pas trop tard. Voici quelques informations sur notre groupe... formé de quatre personnes: Paul McCartney (guitare), John Lennon (guitare), Stuart Sutcliffe (basse) et George Harrison (guitare)... »

Cet empressement à faire leur propre promotion est évident dans l'énergie que le groupe déployait pour leurs 45 tours. Si on considère ces disques comme des publicités, le groupe qui en place un à la radio reçoit essentiellement de la publicité gratuite. Par conséquent, le soin accordé aux 45 tours des Beatles est facile à détecter : dix-neuf 45 tours sur vingt-deux ont atteint la première place au Royaume-Uni et vingt-cinq sur trente-deux en Amérique. Une telle diffusion garantissait des ventes énormes et un intérêt constant pour le groupe. George expliquait avec humour pourquoi les Beatles s'attiraient plus d'admirateurs que la reine d'Angleterre : « Elle n'a jamais eu de succès sur disque. »

À l'apogée de la *Beatlemania*, les deux livres de John – *In His Own Write* et *A Spaniard in the Works* – servirent également à promouvoir la cause du groupe. Ces deux ouvrages acclamés par les critiques l'ont élevé au-delà de l'image simpliste d'un groupe pop éphémère et ont incité les masses à le prendre au sérieux.

Pour les Beatles, être *fab* c'était accepter les myriades d'imitateurs avec tous leurs artifices, cheveux, costumes ; certains parvenaient parfois à produire des succès *beatlesques* sur disque. Voici une observation perspicace de John sur la question : « Je suppose que certains ont suivi le mouvement, mais peu importe puisque cela nous sert en quelque sorte de promotion. Quand nous sommes loin en tournée, il reste quelques *petits Beatles* pour que les gens ne nous oublient pas. »

Les techniques d'autopromotion furent employées avec succès même vers la fin de la carrière du groupe, notamment par John qui, au beau milieu de l'enregistrement de l'album *Abbey Road*, prit le temps d'organiser une série de « *bed-in* pour la paix. » Comme John l'expliquait à l'époque : « Nous essayons de moderniser le message du Christ. Qu'aurait-il fait s'il avait eu publicité, disques, films, télévision et journaux ?

Le Christ fit des miracles pour promouvoir son message. Le miracle d'aujourd'hui, ce sont les communications. Servons-nous-en donc. Le fait est que ce *bed-in* est une *publicité* pour la paix, par opposition à une réclame pour la guerre, dont sont remplis les quotidiens. Henry Ford savait vendre des autos grâce à la publicité. Moi, je suis vendeur de paix; Yoko et moi incarnons une grande campagne publicitaire. Le marketing – voilà le métier que j'ai appris à travers les Beatles. »

Vous avez peut-être en horreur l'autopromotion. Elle peut vous paraître égoïste, voire mesquine. Mais écoutez John Lennon comparer son message de paix à celui de Jésus. John justifie son recours aux médias, car il estime que son message est assez important pour qu'il en fasse l'annonce. Peut-être votre but n'est-il pas aussi noble que la paix mondiale, mais votre message n'est-il pas suffisamment important pour que vous en fassiez la promotion? Si vous vous efforcez d'être *fab* – et si vos objectifs, rêves et destination ultime sont paix, amour et fraternité –, votre rêve est certes important pour l'humanité.

VOUS ÊTES LE CINQUIÈME BEATLE! – *LE CONTRÔLE*

Voici quelques idées qui vous donneront pleins pouvoirs pour assumer le contrôle absolu de vos stratégies créatrices de rêves:

- La voie des Beatles revient à être totalement naturel. Vos paroles et actions sont-elles véridiques ou êtes-vous mal à l'aise avec autrui et cherchez-vous trop à être naturel? Croyez-vous que les gens ne vous accepteront pas, vous et votre rêve, si vous devez être vous-même pour le réaliser? Voici peut-être venu le temps d'examiner votre rêve. Ce rêve vous semble-t-il réel, naturel?

- Les Beatles ont constamment laisser transparaître leur dignité personnelle. La façon dont les gens vous traitent et votre réaction sont d'excellents indices de votre dignité personnelle. La prochaine fois qu'on vous insulte ou qu'on vous critique, observez votre réaction. Vous contentez-vous d'encaisser? ou sortez-vous de vos gonds? Si vous êtes conscient de votre propre valeur, la sagesse *fab* veut que vous soyez placide.

- L'importance de l'image fait partie intégrante d'être *fab*. Les Beatles contrôlaient tous les aspects de leur look. Dans quelle mesure contrôlez-vous votre image? Les autres vous donnent-ils instructions et opinions quand c'est à vous de créer et de gérer votre image comme bon vous semble? Dressez la liste des commerces ou des salons de coiffure que vous fréquentez à la lumière du rêve que vous poursuivez. Les vêtements que vous portez reflètent-ils bien ce que vous voulez être quand votre rêve se manifestera? Supposons que vous rêvez d'être le p.-d. g. d'une compagnie. Le fait de porter des complets et des souliers bon marché ne reflèteraient pas nécessairement l'image d'un p.-d. g. plein d'assurance. Cela peut sembler évident, mais il arrive parfois dans la vie que nous magasinons par habitude.

- Les *Fab Four* tenaient leurs *fans* – ou clients – en haute estime et affection. Avez-vous autant de respect et d'amour pour vos propres fans ou clients? Les considérez-vous comme d'importantes composantes de vos propres rêves?

- Quel test de marché avez-vous conçu pour *votre* rêve? Mettez votre rêve à l'essai dans un environnement difficile afin de le renforcer jusqu'à ce qu'il soit prêt à être examiné par un plus grand auditoire. À titre d'exemple, vous pourriez aiguiser vos talents d'orateur. Au lieu de vous lancer sans préparation dans un événement où vous devez prendre la parole, faites une répétition avec vos proches et vos amis intimes. Sollicitez ensuite leur opinion. Peut-être aspirez-vous à devenir écrivain. Soumettez-vous votre manuscrit à des éditeurs sans d'abord demander à vos pairs d'en faire la critique ? La sagesse *fab* veut que vous mettiez votre travail à l'essai auprès de plusieurs personnes, que vous appreniez de leurs réactions, que vous polissiez votre art. Vous découvrirez alors que votre travail est soudainement en demande !

Chapitre 6

L'ÉVOLUTION

EMI nous imposait des règles strictes qu'il fallait toujours transgresser... car on croyait mieux s'y connaître qu'eux. Lorsqu'ils nous disaient : « Le règlement veut que... », nous leur répondions : « Votre règlement est désuet ! » Nous voulions toujours que les choses soient différentes, sachant que les gens veulent généralement évoluer ; si on ne les avait pas poussés, ils s'en seraient tenus à leur règlement.

Paul McCartney

Vous avez agi selon les cinq premiers principes *fab*, de sorte que vous devez déjà connaître un certain succès. Rappelez-vous, comme pour les Beatles, plus vos rêves sont fabuleux, plus votre réussite sera prodigieuse.

Et maintenant? Pour les Beatles, c'était simple: continuer de rêver plus grand et de manifester en conséquence! En un mot: *évoluer*.

Ne vous y trompez pas, le changement est *bon*, l'ennui est *bon*. Cela vous paraît contradictoire? Pensez-y. À l'instar des *Fab Four*, continuez-vous d'évoluer après avoir atteint un objectif ou réalisé un rêve? Êtes-vous porté à vous reposer sur vos lauriers, à devenir léthargique ou à trop célébrer vos réussites? Chaque fois que les Beatles réalisaient qu'ils sombraient dans l'ennui, cela ne pouvait signifier qu'une chose: ils étaient prêts pour un nouveau défi.

Voici ce que dit Paul de l'attitude des Beatles lorsque, à l'apogée de la *Beatlemania*, ils voulurent présenter à leur auditoire une musique plus complexe, mais en vain. Alors que le groupe s'efforçait courageusement de faire entendre sa musique en dépit d'un véritable barrage de cris, «l'ennui commença à nous gagner, on l'avait trop fait». Vous connaissez la suite: le groupe orienta ses énergies vers le studio d'enregistrement. Le premier accomplissement né de cette phase de leur évolution fut l'album *Revolver*, que plusieurs critiques citent aujourd'hui comme le meilleur album rock de tous les temps.

Paul est succinct quant à la stratégie du secret des Beatles pour réussir: «Nous foncions toujours: *plus bruyants, plus loin, plus longs, davantage, différents.*» Bien qu'il ait parlé surtout de leurs efforts au studio, cette disposition d'esprit imprégnait chaque aspect de la stratégie *fab* pour vivre leurs rêves, aidant le groupe à en créer de nouveaux et à y trouver l'excitation et l'entendement requis pour les réaliser.

Innover et prendre des risques dans la création de leur musique: telle était la marque des Beatles, cela ne fait aucun doute. Même si ce n'est pas aussi évident, ils se sont également révélés des pionniers avec leurs tournées, leurs films et leur mode de vie personnel. Leur empressement à tenter de nouvelles expériences – même outrageusement – gardait le groupe bien en avant de leurs compétiteurs, et dans plusieurs cas, leurs activités ont ouvert la voie à de nouvelles industries.

À titre d'exemple, les tournées des Beatles ont amené l'utilisation des centres et des stades sportifs pour des spectacles de musique rock. Et leur décision de devenir les maîtres du studio a fait en sorte que l'industrie du disque évolue vers une formule davantage axé sur les albums. Leurs progrès dans le studio ont poussé l'industrie de l'électronique à inventer et à commercialiser de nouvelles technologies afin de développer des sonorités plus sophistiquées. Et bien sûr, l'intérêt des Beatles pour la spiritualité orientale servit d'inspiration au mouvement nouvel âge, désormais devenu une industrie multimillionnaire.

La grande différence entre les Beatles et les autres groupes était leur empressement à *continuer* d'apprendre, ce qui assura leur évolution, car ils ne se sont jamais reposés sur leurs lauriers. Dès qu'ils obtenaient un haut degré de succès grâce à une formule, ils la « larguaient » littéralement pour passer à autre chose sans plus attendre. Cette évolution de sympathiques garçons chevelus à des princes au titre non officiel, puis à des radicaux culturels, demeure sans précédent, même aujourd'hui. Elle démontre qu'un simple empressement à faire un plongeon dans l'inconnu – pour l'expérimenter pleinement et ensuite passer à autre chose – peut s'avérer une stratégie du succès vraiment efficace.

Le *risque*. Ce mot à lui seul suffit pour que les gens redoutent d'essayer la moindre chose qui sort de l'ordinaire. Qu'en est-il de vous ? Que signifie pour vous le *risque* ? Êtes-vous à l'aise avec la notion de Paul voulant que les Beatles travaillent à être « plus bruyants, plus aventureux, plus durables, plus présents, différents » ? Combien plus excitante serait votre vie en incorporant ne serait-ce qu'un ou deux de ces mots à votre quotidien !

ÊTRE À L'AVANT-GARDE

« Tell Tchaikovsky the news... »

(*Roll Over Beethoven*, 1963)

Immédiatement après l'album *Rubber Soul*, qui montrait le groupe adoptant un sens de la musique plus subtil, Paul et John se mirent à évoluer dans les milieux de l'art, du cinéma et de la musique *underground* à Londres.

Un de leurs artistes préférés était Karlheinz Stockhausen, né à Cologne. L'œuvre de ce compositeur classique anticipait sur la technique moderne d'enregistrement qu'est l'échantillonnage (intégrer des bribes de sons préenregistrés à un enregistrement original). Ce faisant, l'artiste a créé, depuis les années 50, quelques-unes des compositions classiques d'avant-garde les plus acclamées par les critiques ; il continue toujours d'ailleurs à influencer les musiciens classiques par ses créations récentes.

Par conséquent, la première chanson des Beatles créée pour l'album *Revolver* de 1966 fut *Tomorrow Never Knows*, l'expérimentale épiphanie spirituelle de sons de John. Dorénavant, tous les Beatles enregistraient des sons uniques – comme les aboiements et le sifflement des trains, entre autres – dans leurs studios pour les intégrer à leurs chansons.

Même avant *Revolution 9*, une création de John pour le *Double-Blanc* de 1968, Paul avait déjà créé à la fin de 1966 un enregistrement influencé par Stockhausen. On avait demandé à Paul de fournir une chanson pour le *Carnival of Light*, un événement choisi par l'*underground* londonien pour rendre l'art accessible à la communauté : ici, sous la forme de *light-shows* et de musique et cinéma expérimentaux.

Sous la direction de Paul, les Beatles ont produit un enregistrement expérimental qui dure quatorze minutes où l'on entend un tambour hypnotique, une guitare solo au son déformé, un orgue d'église et différents effets sonores noyés dans l'écho. Même si cet enregistrement demeure inédit, cette expérimentation d'avant-garde des Beatles apparut plus tard sur *Strawberry Fields Forever* et elle s'est cristallisée sur le *Double-Blanc*. Les spécialistes des Beatles citent l'influence du *Hymnen* de Stockhausen sur le *Revolution 9* de John.

Stockhausen figure même sur la couverture de *Sgt. Pepper* parmi les douzaines de personnalités qu'admiraient les Beatles. Dans une entrevue accordée à la presse en 1980, Stockhausen parle du respect que John lui témoignait : « John m'appelait souvent. Il appréciait particulièrement *Hymnen* et *Gesang der Jünglinge,* dont il s'inspira à plusieurs reprises. »

L'influence de Stockhausen est surtout évidente dans la production de *A Day in the Life.* Paul McCartney raconte : « J'ai suggéré qu'on écrive correctement quinze mesures afin que l'orchestre puisse les lire. Mais là où elles commencent, nous avons donné une directive simple aux musiciens : *Commencez par votre note la plus basse pour éventuellement atteindre votre plus haute note à la fin des quinze mesures.* Résultat : un crescendo démentiel. » Paul ajoutera plus tard : « Le crescendo était fondé sur certaines idées empruntées à Stockhausen, idées abstraites que les orchestres redoutent d'exécuter, car c'est contraire à la tradition. Mais nous les avons convaincus ! »

Qu'on l'aime ou qu'on la déteste, la musique expérimentale demeure plutôt déconcertante pour l'auditeur moyen, mais elle révèle un art extraordinaire – qui rend la musique des Beatles aussi irrésistible qu'intrigante. À vrai dire, Paul produit encore aujourd'hui de la musique d'« ambiance nouvel âge », notamment *Rushes,* sous le pseudonyme « Fireman ». Il ne s'agit pas ici simplement d'un groupe qui créait succès après succès, année après année, mais bien d'artistes composant une musique riche en audace – et virtuellement intemporelle.

Que pensez-vous personnellement de l'expérimentation ? Songez à votre réaction quand la radio ou la télévision joue quelque chose de différent. L'éteignez-vous aussitôt ? Ou laissez-vous la chance au coureur ? Vous adopteriez ainsi un mode de pensée purement *fab*. Essayez d'appliquer ce genre d'acceptation de la curiosité dans votre vie, dans votre commerce et dans vos rêves !

Mieux encore, commencez dès maintenant. La prochaine fois que vous allez chez votre disquaire, éloignez-vous des rayons à succès pour vous diriger vers les sections nouvel âge ou classique. Plusieurs disquaires permettent désormais au client d'écouter un disque avant de l'acheter. Essayez les CD d'artistes dont vous n'avez jamais entendu le nom. Et au lieu de faire la queue pour voir la plus récente superproduction d'Hollywood, pourquoi ne pas lui préférer un film d'avant-garde et analyser votre réaction ? La sagesse *fab* revient à essayer constamment de nouvelles choses pour ensuite les incorporer à votre propre travail et à votre propre mode de vie. Cette façon de penser a donné aux Beatles un avantage artistique incomparable.

ÉVOLUER DE FAÇON PRODIGIEUSE

« I didn't know what I would find there... »
(*Got to Get You into My Life*, 1966)

L'évolution de la formule guitares, basse et batterie de *She Loves You* au collage musical époustouflant de *Sgt. Pepper* s'avère étonnamment rapide. Après seulement quelques disques, les Beatles progressaient par bonds, d'album en album.

Une telle évolution n'est pas le fruit du hasard ; il faut consciemment la désirer. « L'harmonica fut notre premier gadget publicitaire», nous dit John. «Nous l'avons d'abord utilisé pour *Love Me Do*, puis pour *Please Please Me* et pour *From Me to You*. Mais nous y avons renoncé avec le temps, car ça devenait embarrassant.» Vint ensuite le souci de l'art.

La consommation de drogue des Beatles au cours de leur période *postBeatlemania* a fait couler beaucoup d'encre, et le présent ouvrage n'est pas le genre à fermer les yeux sur l'usage illicite ou illégal de la drogue. Or, une étude attentive de la philosophie *fab* révèle que l'expérimentation psychédélique n'était pas qu'un mode de vie dissipé, licencieux. C'était un catalyseur de créativité.

L'usage des hallucinogènes chez le groupe n'a jamais atteint le point de non-retour. Il n'y eut jamais d'overdose quasi fatale. Au cours d'une interview concernant son expérimentation du LSD qui, au milieu des années 60 était un médicament légal, Paul nous explique: «J'avais peur de ces choses-là, mais John était tout excité.» George, lui, est très clair: «C'est bon de fêter de temps en temps, mais lorsque la fête n'en finit plus, on gâche sa vie et tout ce qu'on a reçu.»

John est d'accord sur ce point: «Les premiers effets de la drogue se dissipent. Si vous en avez déjà pris, vous savez qu'on ne peut pas en consommer *ad vitam æternam*. C'est comme la boisson ou trop manger, il faut s'en sortir. On se retrouve face à soi. Il faut en venir à son propre Dieu, ou à son propre temple dans sa tête.»

Néanmoins, sans cette prudente expérimentation des drogues, le monde n'aurait jamais connu les chefs-d'œuvre musicaux que sont *Sgt. Pepper's Lonely Hearts Club Band*, *Magical Mystery Tour*, ou même *Revolver*, que plusieurs critiques considèrent comme trois des meilleurs disques rock de l'histoire.

Les écrits mystiques ont aussi joué un rôle important dans la créativité des Beatles. John nous parle de *Tomorrow*

Never Knows: «J'ai écrit cette chanson à l'époque où je lisais *Le Livre des Morts tibétain*. Je lui ai donné pour titre une impropriété de langage de Ringo afin d'en atténuer le texte trop philosophique.» Il ne fait aucun doute que John planait, mais cette fois, c'était grâce aux livres de Timothy Leary, de Richard Alpert (Ram Dass) et d'Aldous Huxley. Mais Lewis Carroll, l'auteur préféré de John, et son livre *Alice au pays des merveilles* eurent une influence dominante sur *Sgt. Pepper*. John reconnaissait que le style plein de visions hallucinatoires de *Lucy in the Sky with Diamonds* s'inspirait du livre *De l'autre côté du miroir* de Carroll où Alice descend la rivière à bord d'un bateau. Quant à la phrase «Half of what I say is meaningless (Presque tout ce que je dis est vide de sens)» de la chanson *Julia* de John, elle vient du classique de Kahil Gibran, *Le Prophète*.

Cette évolution se retrouve dans tous les textes des chansons des Beatles. À partir de la formule «toi, moi, l'amour», le groupe se tourna vers des thèmes moins conventionnels dont les auteurs de livres de poche et les vieilles filles esseulées, pour enfin éclater dans les images auditives de *Sgt. Pepper* qui peuplent les chansons *Lucy in the Sky with Diamonds* et *Lovely Rita* (dont le sujet est une releveuse de parcomètres).

«Je me souviens, nous dit Paul, quand nous en étions au passage *I'd love to turn you on* (*A Day in the Life*). John et moi, on s'est regardés en pensant: *On dit vraiment pour la première fois le mot planer (turn on)!* On a échangé un regard d'intelligence qui disait: *Fais-le! Dis-le!*» De toute évidence, les Beatles voulaient communiquer leur évolution personnelle au monde entier.

Un dernier point important: conformément aux principes *fab*, les Beatles se livraient souvent à l'expérimentation, et ce, parfois de façon extravagante, mais leur musique et leur présentation demeuraient toujours accessibles, mélodiques, raffinées, élégantes.

Le présent ouvrage ne veut encourager personne à consommer des drogues, qu'elles soient légales ou illégales, licites ou illicites. Mais vous pouvez certes imaginer comment un esprit vraiment *ouvert* peut littéralement vous ouvrir des portes dans la vie. Bien sûr, vous entendrez toutes sortes de bêtises de la part de vos proches et amis intimes qui s'étaient habitués à vos *patterns*, mais allez! Secouez-vous un peu! Pensez *différemment!* La bibliothèque municipale de votre quartier possède des centaines de livres et de vidéocassettes sur l'art, la spiritualité et la philosophie. Pourquoi ne pas parcourir les ouvrages de Picasso, de Krishnamurti et de Platon, entre autres, et approfondir les livres qui vous attirent?

CRÉER

« You say you want a revolution... »
(*Revolution*, 1968)

Étudions de plus près la créativité des Beatles au studio et leur empressement à évoluer sur le plan artistique. La création de *Sgt. Pepper*, par exemple, vint défier en l'espace de quatre mois toutes les conventions établies dans la façon d'enregistrer, de présenter et d'emballer un album populaire. Ce qui n'est guère étonnant puisque depuis toujours le groupe abordait la musique dans un esprit d'aventure. À titre d'exemple, *She Loves You* se termine par un accord de sixte, à cause de l'influence de groupes jazz comme les Andrew Sisters. L'idée d'apporter ce genre d'influence alternative à la musique rock n'avait jamais été explorée auparavant. Loin de s'arrêter là, le groupe a réalisé plusieurs premières:

- le premier disque avec *feed-back*: *I Feel Fine*
- la première chanson qui commence par un *fade-in*: *Eight Days a Week*
- la première chanson qui se termine par autre chose qu'un refrain: *Ticket to Ride*

- la première chanson pop dont l'accompagnement est joué par un quatuor à cordes : *Yesterday*
- le premier disque dont la guitare est défilée à l'envers : *I'm Only Sleeping*
- le premier disque dont la voix est défilée à l'envers : *Rain*.

Les *Fab Four* mettaient déjà en pratique leur philosophie d'évolution en août 1965, au beau milieu de la *Beatlemania* :

Paul :

« Nous essayons de changer à chaque disque. En fait, nous avons cherché à le faire dès notre premier disque. »

George :

« Et si vous évoluez sur le plan musical, naturellement vous changez. »

John :

« Si vous jouez nos premiers disques et nos plus récents, vous noterez une grande différence, bien que nous n'en ayons pas (encore) enregistrés beaucoup. »

Parvenir à changer requiert vigueur et empressement à montrer le chemin, au lieu de simplement adhérer aux règlements dépassés des techniciens et des cadres d'EMI et des studios Abbey Road.

Paul nous indique que le groupe devait toujours inciter les ingénieurs du son d'EMI à dépasser leurs règlements, citant à titre d'exemple la chanson *Nowhere Man* : « Je me souviens qu'on voulait un son très aigu pour la guitare. L'ingénieur a dit : *D'accord, je mets le maximum* et nous : *Ça ne suffit pas ! – Mais je ne peux faire mieux*, reprit-il. *Passez le signal à travers un deuxième atténuateur du son et si ça ne suffit pas, vous le passerez à travers un troisième*, lui avons-nous répondu. L'ingénieur : *Mais ça ne se fait pas !* Et nous avons alors répliqué : *Essayez donc ! Si le son est mauvais, on oublie ça ; mais ça pourrait bien sonner !* On a constaté alors que ça fonctionnait et l'ingénieur en était secrètement heureux, car c'était lui qui avait triplé la limite permise. Je pense qu'il en était secrètement fier. »

Ce genre d'innovation et le désir d'évoluer consciemment en tant qu'artistes sont survenus dans un studio plutôt vieillot d'Abbey Road. Le premier album, *Please Please Me*, fut enregistré sur une console deux pistes. On est loin ici des studios multipistes informatisés d'aujourd'hui. Ces deux pistes signifient que le groupe doit jouer à la perfection lors d'une même prise, sinon il faut reprendre toute la chanson. Ce qui peut s'avérer désastreux lorsque le studio est réservé pour un seul jour d'enregistrement et qu'il faut mettre en boîte tout un album.

George Martin explique que les limites du studio jouaient en faveur du groupe, autant au niveau de l'enregistrement qu'au niveau de la prestation : « Les producteurs d'aujourd'hui seraient horrifiés à l'idée des restrictions qui nous étaient imposées, habitués qu'ils sont à enregistrer chaque son sur une piste distincte. » Il ajoute : « Mais Paul ne pouvait ainsi qu'être conscient du fait qu'en ratant sa prestation à la basse, il ruinerait alors celle de Ringo à la batterie. Et vice versa. Ce qui les incitait certes à jouer de leur mieux. »

Lors d'une discussion sur l'album *Sgt. Pepper*, réalisé dans des conditions difficiles, George Martin fit remarquer : « On travaillait encore sur une console quatre pistes, en raccordant parfois deux appareils. Nous contournions les limites en usant de subterfuge et en faisant preuve d'ingéniosité. » Ce génie à créer à peu de frais étonnait leurs homologues américains, qui étaient pourtant mieux équipés qu'eux. Tommy James, chanteur et producteur à succès, se souvient de studios entiers démontés et réassemblés dans l'espoir de recréer le son de la batterie des Beatles sur disque. « Tout ce que faisaient les Beatles était du dernier cri », nous dit Tommy.

L'innovation est essentielle à l'art d'être *fab!* Pensez-y quelques minutes. Vous êtes-vous enlisé dans une routine, dans un travail monotone et continu, dans un mode de vie ennuyeux? Le courage et l'audace dans l'action comme dans la pensée pourraient-ils influer sur votre quotidien? Songez à la façon dont l'innovation pourrait transformer le projet sur lequel vous travaillez pour votre compagnie. Au lieu d'adhérer aux tendances typiques de l'industrie, comment une nouvelle stratégie inédite pourrait-elle rendre le projet plus irrésistible? Les Beatles n'ont pas fait du surplace en récrivant des succès calqués sur *I Want to Hold Your Hand*. Ils sont rapidement passés à autre chose, repoussant constamment leurs limites.

FAIRE DE L'AUTOPROMOTION

« I wanna be famous, a star of the screen... »

(*Drive My Car*, 1965)

Depuis longtemps, le réseau MTV reconnaît que les Beatles sont responsables de la création de l'industrie du vidéo. Des films *A Hard Day's Night* et *Help!*, constellés de chansons des Beatles, le groupe évolua bientôt vers la production de leurs propres clips pour promouvoir leurs nouvelles chansons. Les premiers clips – ceux de *We Can Work It Out* et *Day Tripper* réalisés en décembre 1965 – furent suivis de clips reflétant davantage *l'âme* de la musique à l'aide d'images surréalistes (ex.: *Penny Lane* et *Strawberry Fields Forever*).

Les *Fab Four* furent également les premiers à offrir des « interviews avec l'artiste » aux stations de radio, et ce, dès leur premier film. Une fois celles-ci enregistrées, on effaçait les questions originelles afin que l'animateur-vedette d'une station puisse les relire en synchronisme parfait avec l'enregistrement, donnant ainsi l'impression que les Beatles étaient personnellement interviewés par lui.

Les Beatles anticipèrent également sur la populaire série *Unplugged* de MTV, qui met en vedette des artistes comme McCartney reprenant, avec un minimum de percussion et d'amplification, leurs grands succès. Dans ce contexte, Paul nous dit au sujet de l'album *Let It Be*: «J'ai une copie du dernier mixage de Glyn Johns (l'ingénieur du son). Le style est tellement dépouillé qu'on dirait *Unplugged* de MTV. Et je me disais: *C'est vraiment bon. On est réduit à l'essentiel, ce qui ajoute un élément irrésistible.* » Ces enregistrements furent «surproduits» (selon Paul) par Phil Spector qui leur a greffé chœurs et orchestres dans un des rares cas où le groupe n'a pas exercé un contrôle absolu sur une décision artistique ou d'affaires.

Il importe de noter à quel point le groupe marque le monde encore à ce jour grâce au cyberespace. En novembre 1999, Paul McCartney a établi un nouveau record mondial grâce à *cinquante millions* de «hits» sur Internet lorsqu'il présenta son spectacle au Cavern Club de Liverpool, cet ancien incubateur des Beatles. Quant au premier clavardage de Paul, il attira *trois millions* de questions, soumises par courriel à Yahoo!, même si le serveur n'était prêt qu'à en accepter *dix*!

On demanda un jour à Paul: «Qui conçoit le site Internet MPL Communications (sa maison d'édition)? Participes-tu à sa conception?» Voici sa réponse: «Ce sont les gars au bureau, mais je m'implique beaucoup. Je revois le tout avant qu'il soit posté et nous élaborons ensemble le contenu du site. Je l'ai déjà dit, j'aime avoir *raison*. » La conception – aussi humoriste qu'instructive – du site Internet axé sur la réédition du classique *All Things Must Pass* fut dictée par George lui-même à une équipe d'artistes.

Peut-être qu'Internet ne fait pas partie de votre plan d'autopromotion, mais la créativité dans ce domaine représente certes un élément important de la sagesse *fab*. Wayne

Dyer, le célèbre auteur d'ouvrages de croissance personnelle, raconte souvent la façon dont il fit la promotion de son premier livre, *Your Erroneous Zones*. Au lieu d'attendre que son éditeur organise une tournée de promotion à la radio comme à la télévision – sans oublier les libraires –, Wayne se fit remplacer au collège où il enseignait, il remplit sa fourgonnette de livres et parcourut le pays pour éveiller l'intérêt. Donnant littéralement plusieurs exemplaires aux petites libraires nouvel âge et frappant à la porte des stations de radio et de télévision, il finit par créer tout un émoi autour de son livre. Résultat : *Your Erroneous Zones* devint l'un des livres pionniers en matière de croissance personnelle.

L'ERREUR N'EXISTE PAS

« It's getting better all the time... »

(*Getting Better*, 1967)

Êtes-vous prêt pour la phase suivante dans l'art d'« être *fab* » ? Voici : même si vous commettez une erreur, ce n'en est pas vraiment une.

Tout n'allait pas toujours pour le mieux dans la carrière des Beatles, mais tout ce qui ne tournait pas rond était aussitôt rectifié par le groupe qui faisait contre mauvaise fortune bon cœur. Considérons de plus près la soi-disant pire erreur des Beatles : la décision d'écrire et de diriger eux-mêmes le film *Magical Mystery Tour*. Ce film sur lequel ils avaient travaillé pendant des mois, et qui reposait dans une grande mesure sur le psychédélisme riche en couleurs de l'époque, fut finalement diffusé à la télévision en noir et blanc. Paul eut raison de dire à la presse immédiatement après un dénigrement en règle du film : « On aurait pu présenter un de nos spectacles classiques, mais ce genre de prestation ne nous plaît guère désormais. On aurait pu, comme tout le monde, chanter des airs de Noël et réaliser un excellent spécial des Fêtes avec des guirlandes artificielles accrochées partout.

Rien n'aurait été plus simple, mais on voulait faire autrement. En visionnant le film une seconde fois, on l'apprécie davantage. Ceci vaut aussi pour plusieurs de nos disques. »

En effet. Ce film artistique, aussi audacieux que mal compris, a néanmoins influencé des réalisateurs comme Steven Spielberg. Il comportait également une superbe trame sonore, composée entre autres des chansons *Blue Jay Way, I Am the Walrus* et *Fool on the Hill.*

Vint ensuite *Yellow Submarine,* ce classique du cinéma d'animation, considéré par les critiques comme une erreur monumentale des Beatles même avant qu'il ne soit en voie de production. La plupart pensaient que le cinéma d'animation ne pouvait réussir que s'il était issu des studios Disney, les seuls à triompher dans ce domaine à l'époque.

Mais tous les parents vous diront que le psychédélisme imagé et l'intrigue unique de *Yellow Submarine* se sont avérés très réussis – sur le plan artistique et financier – même des décennies après sa sortie. De nouvelles générations d'enfants ont grandi en l'adorant. De fait, Ringo se voit encore demander à ce jour pourquoi son personnage à l'écran appuya sur la touche qui le précipita dans le périlleux océan du scénario.

En vérité, John Lasseter, le réalisateur et coauteur de *Histoire de jouets* de Disney, et Matt Groening – le créateur des *Simpson* – citent tous deux *Yellow Submarine* comme source d'inspiration lorsqu'ils décidèrent de faire carrière dans le cinéma d'animation. Enfin, *Yellow Submarine* sert également de thème central à un populaire manège de réalité virtuelle dans un centre de divertissement pour toute la famille à Berlin.

Une troisième erreur, que plusieurs disent être la pire erreur des Beatles sur le plan créatif, fut le film *Let It Be.* Les critiques, et même certains Beatles, le qualifient d'aperçu de la désintégration du lien unissant quatre amis. Or, ceux qui ont travaillé sur le film affirment que le mythe négatif ne raconte qu'une partie de l'histoire. Ils insistent sur le fait qu'on a coupé plusieurs scènes au ton plus léger, voire frivole, et donc moins lugubre dans l'ensemble.

« Je suis sûr que c'est assez vrai, dit Paul au sujet des révélations plus positives concernant *Let It Be*, mais c'est devenu le documentaire d'une rupture plus qu'autre chose. Les scènes où l'on se querelle sont les plus fascinantes. Je suppose qu'un réalisateur doit l'accepter ; il ne peut pas dire : *Faisons en sorte que tout soit beau.* »

Glyn Johns, l'assistant de George Martin, n'en démord pas – *Let It Be* n'était pas l'épuisante épreuve rapportée dans les journaux : « Ce fut une expérience très agréable. J'étais là durant le tournage et j'ai été témoin de trucs étonnants. L'humour des Beatles m'ayant touché autant que leur musique, j'ai ri pendant au moins six semaines ! John Lennon n'avait qu'à entrer dans une pièce pour que j'éclate de rire ! Ils étaient généralement d'excellente humeur. Toutes sortes de folles rumeurs circulaient à l'époque quant aux problèmes du groupe, auquel la presse ne donnait aucun répit. Alors qu'en fait, ils étaient tout simplement là à s'amuser à être eux-mêmes, c'est-à-dire très drôles. *Rien de tout ça n'est dans le film !* »

Les erreurs peuvent paralyser une vie. Songez-vous souvent à vos soi-disant « erreurs » ? Voyez-les comme ces poids légers qu'utilisent les athlètes. Ils rendent l'exercice plus difficile, mais en fin de compte, ils vous rendent plus fort. Dans le dictionnaire des Beatles, le mot « erreur » était dénué de sens, et donc inexistant. Certaines décisions prises dans les années 60 furent considérées comme des erreurs par leurs détracteurs, alors qu'en rétrospective, *Magical Mystery Tour* et *Let It Be* sont désormais vus comme des éléments de leur carrière aussi innovateurs que fascinants. Progressez avec confiance dans votre voie, tout en faisant preuve d'*entendement* purement intuitif, et vous ne commettrez *jamais* d'«erreur».

INNOVER

« I'm fixing a hole where the rain gets in... »
(*Fixing a Hole*, 1967)

Beaucoup d'encre a coulé quant aux autres «erreurs» de marketing des Beatles, surtout en ce qui concerne les produits dérivés et l'édition. Certains analystes estiment que 50 à 100 millions de dollars leur ont glissé entre les doigts entre 1963 et 1965, et ce, rien qu'en produits dérivés. Certains blâment entièrement leur gérant, Brian Epstein. Or, en étudiant plus attentivement la question, on voit que Brian fit *une seule* gaffe majeure pendant qu'il exerçait ses fonctions : par inadvertance, il céda par écrit 90 % des profits de produits dérivés – poupées, perruques, jeux, poudre de talc, macarons, etc. – à l'apogée de la *Beatlemania*.

Mais n'oublions pas que pour le jeune gérant inexpérimenté, dépassé qu'il était par le succès sans précédent de ses protégés, le marché des produits dérivés s'avérait aussi nouveau qu'inexploré, même pas considéré comme une entreprise à l'époque. Même Elvis Presley, la plus grande vedette de l'histoire avant les Beatles, ne fut jamais confronté à pareil phénomène, inexistant à l'époque.

Quant aux droits d'auteur des débuts des Beatles, beaucoup de spéculations subsistent encore quant à leur mauvaise gestion par Brian Epstein. À titre d'exemple, pour les disques vendus en Amérique du Nord au prix de trois ou quatre dollars chacun, les Beatles ne recevaient que cinq cents, et au Royaume-Uni, un seul cent par album.

Il n'est pas juste toutefois de juger Epstein selon les standards d'aujourd'hui. Les contrats d'enregistrement et d'édition que signaient le groupe et lui étaient la norme en ce temps-là, soit bien avant que les artistes rock n'entendent parler de pouvoir de négociation. Quand la popularité des Beatles devint fulgurante, ce fut là encore sur une échelle et à un rythme tout à fait sans précédent. Epstein opérait dans un monde sans repère. Je doute que quiconque ait pu faire mieux que lui pour les Beatles.

LANCER L'ENTREPRISE

« Would you walk away from a fool and his money ?... »
(*Come and Get It*, 1969)

Nous voici maintenant au cœur de la question – sans jeu de mots – avec la fondation de Apple Corps Ltd. en 1968. Créée en partie pour protéger leur fortune collective des lois fiscales en cours à l'époque, en Angleterre, Apple incarnait simultanément un rêve idéaliste : elle serait l'entité permettant à toutes sortes d'artistes de produire leur œuvre, fût-ce sous forme de disques, de films ou de gadgets électroniques. John Lennon explique : «Nous voulons créer un système pour qui veut faire un film – peu importe le thème – sans pour autant avoir à le demander à genoux dans le bureau de quelqu'un. »

La liste des succès d'Apple est impressionnante. *Hey Jude* fut le premier disque des Beatles sur Apple, devenant par la suite et depuis leur 45 tours le plus vendu. Celui-ci fut suivi de près par *Those Were the Days*, produit par Paul qui avait découvert cette chanson en voyant l'auteur la chanter dans un club de Londres en 1965.

Paul lança également un autre groupe d'Apple, Badfinger, qui s'appelait cependant Les Iveys sur leur contrat originel. Un matin de juillet, avant de travailler sur l'album *Abbey Road*, Paul jouait piano, maracas, batterie et basse – en plus de chanter – sur le *démo* de *Come and Get It*, une de ses compositions. Il nous explique : «J'avais l'habitude de toujours arriver tôt (aux studios Abbey Road), car j'habitais tout près. Je me suis hâté d'y enregistrer *Come and Get It* en moins d'une heure avec l'aide d'un ingénieur. Puis, j'ai dit aux gars de Badfinger : *Faites-en une copie conforme.* Ils m'ont dit : *Mais on aimerait y apporter des modifications minimes.* J'ai répondu : *Non, c'est l'arrangement parfait, n'y changez rien, s'il vous plaît. Je vous garantis son succès !* »

Et il avait raison : la chanson fut numéro un aux États-Unis, lançant effectivement la carrière du groupe, qui couvrit plusieurs années et dont l'influence s'exerce encore aujourd'hui dans l'industrie de la musique pop. De fait, un des titres originaux de Badfinger fut *Without You*, devenu par la suite un succès mondial pour Harry Nilsson et Mariah Carey.

Apple est dorénavant au centre de l'industrie *beatlesque*. La revue *Forbes* cite constamment les *Fab Four* parmi les cinq artistes les plus riches, ce qui est surtout dû à l'efficacité comme à l'organisation chez Apple. Richard Branson, l'entrepreneur billionnaire basé au Royaume-Uni et fondateur de Virgin Group (qui comprend 150 sociétés dont Virgin Atlantic Airways), imite encore à ce jour les concepts originels d'Apple dans sa propre entreprise. En fait, un des premiers groupes controversés engagés par Branson après la fondation des disques Virgin au milieu des années 70 fut les Sex Pistols, pionniers punk qui ont changé le visage de la musique rock. Et aujourd'hui, Branson adopte une stratégie de libre entreprise très lucrative et un style de vie personnel inspirés de la vision initiale que nourrissaient les Beatles pour Apple.

L'amour des *Fab Four* pour ce qu'on appelle maintenant la « World music » les vit travailler dès 1968 avec John Tavener, le compositeur classique. Après que Ringo l'eut entendu en concert, il lui fit signer son premier contrat chez Apple. John, pour sa part, se concentrait surtout à l'époque sur les disques Zapple, producteur de disques parlés et de musique alternative – comme *Two Virgins* de John et Yoko –

entre autres enregistrements d'avant-garde bien en avance sur leur temps.

Voici venue l'heure de songer à cette entreprise que vous rêvez de fonder. Vous vous connaissez! Si vous avez entendu dire qu'Apple était une entreprise «non lucrative de *hippies* drogués», n'en croyez rien. Apple, c'est super, fût-ce aujourd'hui ou hier. Demandez à Richard Branson, *fan* billionnaire des Beatles. Lors d'une projection récente de *A Hard Day's Night*, *Sir* Richard – oui, il a été créé chevalier par son pays natal – se tordait de rire (coiffé d'une perruque *beatlesque*!)

GÉRER LES CRISES

« I don't really want to stop the show... »
(*Sgt. Pepper's Lonely Hearts Club Band*, 1967)

Dans la vie comme dans les affaires, l'impondérable peut toujours surgir, menaçant parfois d'entraîner les gens à travers des remous émotifs ou pire encore. Analysons quelques situations imprévisibles vécues par les Beatles et comment ils s'en sont tirés.

Les Beatles se sont sans cesse détournés des émotions négatives – peur, déception et résignation – en plus de confronter directement les défis que posaient divers fiascos. Citons d'abord quelques problèmes techniques lors de la plus importante prestation en direct des Beatles: le *Ed Sullivan Show* de février 1964.

L'enregistrement de l'émission révèle un problème technique évident quant à la transmission du son à l'auditoire en studio, et par le fait même aux 73 millions de téléspectateurs! On n'entend guère John chanter *I Want to Hold Your Hand*, lui dont la voix porte littéralement cette chanson! Fidèle à l'attitude *fab*, Paul le remplaça au chant, sacrifiant ses propres harmonies tout en gardant le sourire, comme John d'ailleurs, qui chantait dans un micro muet. Le reste du groupe, conscient de l'incident et aucunement découragé, continua comme si de rien n'était. Le groupe était d'autant plus furieux qu'il savait avoir effectué un contrôle du son avant l'émission, allant jusqu'à ajuster les niveaux dans la salle de contrôle. Mais juste avant l'heure, quelqu'un avait réarrangé les manettes de la console! Si ces pépins techniques potentiellement désastreux ont suscité crainte ou trépidation, les Beatles n'en montrèrent aucun signe durant leur prestation impeccable.

Peu après l'aube de la *Beatlemania*, le groupe subit toutes sortes de critiques, dont certaines furent terrifiantes. En 1964, par exemple, la Christian Crusade – un puissant groupe de fanatiques religieux – mit l'Amérique en garde contre ce qu'elle appelait le «pacte communiste des Beatles». La Christian Crusade distribua pamphlets et communiqués de presse prétendant qu'à travers les Beatles, «les communistes ont conçu une façon scientifique, aussi complexe que préméditée, visant à perdre une génération de jeunes Américains grâce à une angoissante dégénérescence mentale.» Cette haine déborda en 1966 en raison des propos impromptus de John sur Jésus-Christ et les Jeunesses britanniques à un ami reporter du *London Evening Standard*: «Le christianisme diminuera, puis disparaîtra. Inutile d'argumenter sur ce point. J'ai raison et le temps viendra confirmer mes paroles. Nous sommes désormais plus populaires que Jésus. J'ignore lequel disparaîtra le premier – le rock ou le christianisme. Je n'ai rien contre Jésus, mais ses disciples étaient obtus et ordinaires. Le fait qu'ils aient déformé son message ruine tout à mes yeux.»

Ses propos furent cités hors contexte et reproduits dans *Datebook*, une revue de luxe pour adolescents. Sur la couverture, on pouvait lire le titre suivant en grosses lettres: «John dit que les Beatles sont plus célèbres que Jésus!» Le Sud américain réagit de diverses façons, soit par un boycott radiophonique de la musique du groupe, par des manifestations du Ku Klux Klan ou d'extrémistes «chrétiens» qui brûlaient les disques des Beatles. Au plus fort de toute cette agitation, nos quatre amis se préparaient à faire une autre tournée américaine, comme chaque été depuis 1964.

Que faire quand on est vraiment *fab*? Il s'agit avant tout de ne pas fuir devant un problème. De fait, John désirait sincèrement affronter la mêlée. Il ne pouvait souffrir l'idée de vivre avec le fardeau d'avoir engendré tant de haine de par le monde, surtout après avoir proclamé l'amour pendant des années à travers sa musique.

À Chicago, où s'amorça la tournée américaine, John aborda la question avec les autres Beatles debout derrière lui :

Question :

« Que pensez-vous de votre visite du Sud des États-Unis où cette controverse fait surtout rage ? »

John :

« On aurait pu se terrer en Angleterre et se dire : *Pas question d'aller ailleurs*! Mais mieux vaut remettre les pendules à l'heure. »

Paul :

« L'idée est d'aller de l'avant. Voilà le message. C'est pourquoi on se retrouve parfois dans le pétrin à cause de nos propos. Vous savez, on cherche simplement à *évoluer*. Et on dirait que certains voudraient nous en empêcher en essayant de nous interdire d'aborder toute question incendiaire. Mais mieux vaut pour tous que nous soyons tout à fait honnêtes. »

Paul a tout dit : « Quoi qu'il arrive – progressez ! » Ce genre de courage, de flexibilité et de détermination à *ne pas* fuir la controverse pourrait un jour surgir à l'horizon futur de votre propre rêve. Serez-vous prêt alors ? Examinez les pires scénarios qui pourraient se profiler dans vos efforts pour manifester vos rêves. Voyez-les se concrétiser et trouvez-leur une solution. Peut-être n'avez-vous pas considéré sérieuse-ment les ramifications légales, politiques ou sociales de votre rêve? Quelles seraient-elles? La sagesse *fab* vous dit d'être prêt à composer volontiers avec les situations les plus péni-bles lorsqu'elles surviennent.

GARDER LE SOURIRE

« I've got something I can laugh about... »
(*Good Day Sunshine*, 1966)

L'humour a également tempéré l'impact d'une multitude de scandales chez les Beatles. Quand la rumeur disant « Paul est mort » vit le jour en 1969, les Beatles refusèrent sagement d'en parler. Leur silence fit s'accroître la rumeur et en ali-menta d'autres, plus folles, d'une conspiration élaborée pour cacher que Paul était mort au milieu des années 60. Cette rumeur naquit dès novembre 1966 après un accident de mobylette où Paul se coupa la lèvre supérieure puis se fit pousser la moustache pour la cacher.

Certaines versions de l'histoire rapportaient même sa décapitation! Les *fans* scrutaient chaque album des Beatles en quête d'indices démontrant qu'il y avait vraiment eu une dissimulation. Typiquement *fab*, les propos humoristes de Paul ont enfin et sans délai mis un terme à toute l'affaire: « Je suis vivant et bien portant, mais concerné par les rumeurs de ma mort. Si j'étais mort, je serais le dernier à l'apprendre! » Mieux encore pour les *Fab Four*, les ventes de leurs albums sont montées en flèche pendant les mois où cette rumeur a couru.

Les Beatles ont aussi résolu une autre controverse grâce à quelques brillants traits d'esprit lors du scandale entourant la fameuse « pochette de boucher ». Nous avons déjà dit que Capitol compilait ses propres albums des Beatles sans leur permission ou leur coopération. Quand Capitol s'apprêta, en juin 1966, à lancer un autre pot-pourri de chansons baptisé *Yesterday... and Today* – formé d'extraits de trois albums anglais et de 45 tours antérieurs –, les Beatles s'opposèrent à ce projet.

Mais quelle pochette ahurissante, anticonformiste, sur ce nouveau disque Capitol! Au lieu de photos de nos quatre amis souriants, la pochette nous offre quatre Beatles vêtus en bouchers, aux regards sadiques, parés de viandes rouges crues et de poupées aussi nues que décapitées.

Quand les *disc-jockeys* ayant reçu des copies de promotion de l'album se sont plaints de sa pochette macabre, Capitol le retira vite du marché pour en remplacer la photo-couverture par une autre des Beatles avec une malle-cabine. Mais ceux-ci firent les malins et n'en parlèrent guère. Pas de cris d'indignation ou de protestation ni d'injures contre Capitol et ses politiques. John fit remarquer que la pochette initiale était «aussi pertinente que le Vietnam» et Paul se contenta de dire en riant que c'était «de la bonne viande».

D'où en venait alors l'inspiration? John répond: «De notre ennui et de notre amertume d'avoir à faire encore d'autres photos et plein d'autres trucs. Nous en étions morts d'ennui.» Robert Whitaker, l'artiste et photographe australien qui créa ces photos, dit: «Ayant déjà parcouru plusieurs endroits du globe avec eux, j'étais amusé par l'adulation publique de ces quatre personnes.» Dans ce sens, Whitaker voulut produire un triptyque ou une icône montrant des Beatles aussi réels et humains que quiconque, offrant ainsi un contraste frappant entre leur image «angélique» et la réalité de la photo. Ce qui plut au sens artistique des *Fab Four*, toujours en évolution. À titre d'exemple, une des photos inutilisées montre John encadrant la tête de Ringo dans une boîte en carton, dont un rabat indique «2 000 000». Whitaker ajoute: «Je voulais illustrer que, dans un sens, Ringo n'avait rien de plus merveilleux que quiconque sur la Terre. Dans cette vie, il n'était que l'un des deux millions de membres de la race humaine. Cette idolâtrie de la part des *fans* me rappelait le récit de l'adoration du veau d'or. »

Le 4 juillet 1966, en tournée aux Philippines, les Beatles furent invités à manger chez les Marcos, leaders du parti au pouvoir à l'époque. Hélas, le groupe ne reçut jamais l'invitation et ne se présentèrent donc pas. Peu de temps après, la radio comme la télévision criaient que le groupe avait insulté le pays en « refusant d'apparaître » pour l'occasion. Les Beatles furent forcés de fuir littéralement Manila sans aucune sécurité tandis que des centaines de Philippins furieux les insultaient.

Après une longue et terrifiante attente dans leur avion, le groupe put enfin partir, mais tous étaient certes bouleversés sur le plan émotif. Or, des films nous montrent nos quatre musiciens donnant une conférence de presse dès leur arrivée à Londres. On les voit aborder calmement l'incident tout en s'en moquant. De toute évidence, ils pouvaient oublier un épisode traumatisant en l'espace de quelques heures.

Qu'est-ce qui *vous* fait rire ? Bien sûr, on n'est pas tous d'un naturel comique. Mais les Beatles nous enseignent l'art de composer avec les problèmes et les situations effrayantes qui surgissent. La sagesse *fab* veut qu'on voie ces choses comme elles sont – et ne vous en faites pas pour ce qui échappe à votre contrôle.

Les *Fab Four* accordaient de l'importance à la vision globale. Ayant à réaliser des objectifs à long terme, ils démêlaient généralement toute situation négative avec rapidité et bonne humeur. Dans quelle mesure êtes-vous armé pour composer avec les problèmes qui surviennent ? Pouvez-vous percevoir l'humour inhérent aux situations difficiles qui se présentent à vous ? Détendez-vous ! Ne prenez pas vos rêves trop au sérieux ! Face à l'éternité, quelle importance peut-on leur prêter ? Amusez-vous !

VOUS ÊTES LE CINQUIÈME BEATLE! – *L'ÉVOLUTION*

- Vérifiez les aspects plus audacieux de votre métier ou profession. Peut-être œuvrez-vous dans le domaine de la santé? Au lieu de vous contenter de faire des heures de travail pour encaisser votre chèque de paye, pourquoi ne pas lire quelques journaux médicaux concernant votre travail? Ne serait-il pas excitant de discuter de nouvelles percées dans le domaine avec vos pairs? De telles activités hors programme pourraient même vous ouvrir de plus grands horizons: une promotion, des conférences ou une augmentation.

- L'évolution de la formule guitares, basse et batterie de *She Loves You* à *Tomorrow Never Knows* s'avère rapide – moins de quatre ans. Comment réaliser pareille évolution? Que vous faudra-t-il apprendre? Peut-être faudrait-il vous inscrire à des cours du soir pour acquérir les compétences requises ou faire l'effort incessant pour localiser vos pairs œuvrant dans les domaines qui vous intéressent?

- Pouvez-vous travailler même dans un cadre restreint? Le premier album des Beatles, *Please Please Me*, fut enregistré sur une console deux pistes. Nous sommes loin ici des studios multipistes d'aujourd'hui. Êtes-vous à même de créer un produit ou un service aussi efficace que permanent, malgré des circonstances et un équipement inadéquats? La sagesse *fab* veut qu'on trouve la joie dans le défi! Les parents savent comment transformer un peu de riz et quelques légumes en un véritable festin. Faites le tour de votre maison. Comment exploiter au maximum les vieilleries de la maison et de l'entrepôt? Peut-être ce vieux tourne-disque et votre collection de rock classique sur vinyle pourraient-ils vous servir de moyen de communication avec vos adolescents. Dépoussiérez ces vieux albums et montrez-leur la valeur des grands noms de Motown, sans oublier pour autant Dylan, les Stones et les Beatles!

- La peur vous paralyse-t-elle quand vous songez à d'éventuelles erreurs – tuant ainsi votre rêve dans l'œuf? Or, l'erreur *n'existait pas* aux yeux des Beatles. S'imposant un degré de qualité constante, ils ne laissaient guère de place au mot «erreur» dans leur vocabulaire ou leur conscience collective.

- La gestion de crises vous réussit-elle? Devant 73 millions de téléspectateurs, le micro de John se tut. Au lieu de paniquer, Paul prit aussitôt la relève. La prestation fut assez réussie pour gagner le pays entier à la cause de la *Beatlemania*, désormais fulgurante. Que feriez-vous si, à un moment crucial, le malheur frappait votre rêve? Vous laisseriez-vous aller à des plaintes? Fermeriez-vous boutique? Ou – comme les Beatles – seriez-vous *fab*?

Chapitre 7

L'ESPRIT

Toute vie revient à adorer Dieu dans un sens, et tout ce que nous faisons, c'est transmettre ce message à un plus grand nombre de personnes. Ma notion de Dieu veut qu'on n'agisse pas spécialement pour soi, mais pour tous les autres.

George Harrison

*L*es Beatles nous ont montré clairement comment vivre le succès et le bonheur, comment manifester nos rêves les plus extravagants ainsi que l'art d'y parvenir avec une confiance profonde et un humour global. Mais être *fab* implique un facteur encore plus important qui, si vous l'appliquez, peut exercer une profonde influence sur votre vie. Comme le dit si bien Paul, notant qu'après tous les succès et excès : « Vient l'étape suivante où il faut trouver un *sens* à tout ça. »

Tous les chapitres de ce livre ont donné un aperçu de l'importance que le groupe accordait aux thèmes sociaux et spirituels. Les *Fab Four* n'étaient pas que des artistes en quête du dernier engouement nouvel âge ou quatre riches cherchant quelques déductions fiscales. Au contraire, après avoir réalisé tous les rêves qu'ils avaient pu concevoir, ils ont voulu savoir à quoi tout cela rimait.

INVITER LE SPIRITUEL

« Within You Without You »

(*Sgt. Pepper's Lonely Hearts Club Band*, 1967)

La quête de vision spirituelle des Beatles s'avéra incessante. « Les gens avaient toujours l'impression que j'étais anti-Christ ou anti-religion. Il n'en est rien. Je suis au contraire très religieux, nous dit John. Pas besoin d'une institution, fût-elle chrétienne ou marxiste, pour comprendre le message. Élevé dans le christianisme, je saisis seulement aujourd'hui certaines paraboles du Christ ; les gens n'en ont que pour le Maître dont ils manquent alors le message. »

John parlait de spiritualité dès 1966 : « Je crois en Dieu, mais non en tant qu'entité unique ou *vieil homme dans le ciel*. Je crois que ce qu'on appelle *Dieu* vit en chacun. Je crois au message de Jésus, de Mahomet et de Bouddha, entre autres. » Paul ajoutait quelques mois plus tard : « Dieu habite l'espace qui nous sépare. Il est dans la table qui se trouve devant vous. »

Dans un même ordre d'idées, à l'été 1966, George prit congé de la *Beatlemania* pour étudier les possibilités qu'offrait l'Inde. Voici ce qu'il en disait à l'époque : « J'y suis allé autant pour en apprendre la musique que pour absorber une bonne mesure du pays même. On m'a toujours parlé de maîtres centenaires vivant dans l'Himalaya, de yogis capables de lévitation et de saints qui survivaient même après avoir été ensevelis pendant des semaines. Je voulais voir tout ça de mes propres yeux. Une chose est sûre, lorsque tu en viens à vraiment œuvrer au nom de la vérité, personne ne peut plus rien contre toi, car tu es en harmonie avec une puissance supérieure. »

Simultanément, John étudiait le mysticisme du *Livre des Morts tibétain*, dont une partie du texte se retrouva dans sa chanson *Tomorrow Never Knows* sur l'album *Revolver*. Ce livre est la bible du bouddhisme tibétain, qui enseigne l'art d'atteindre le vide, un concept bouddhiste. De fait, le titre initial de travail de cette chanson de John était *The Void*. George dévorait également le livre *Autobiographie d'un Yogi*, qui retrace la vie de Paramahansa Yogananda, le leader de la Self-Realization Fellowship et célèbre maître hindou décédé en 1952. À l'époque, George louait cette nouvelle influence dans sa vie : « Yogananda fut possiblement ma plus grande source d'inspiration. Même si je ne l'ai jamais rencontré personnellement, il a néanmoins – pour quelque subtile raison – exercé un fort ascendant sur moi. Une grande part de ce que je ressens résulte de son enseignement, qu'il dispense encore dans son être subtil. »

Les croyances religieuses et spirituelles que vous avez faites vôtres vous comblent peut-être. Tant mieux s'il en est ainsi ! La sagesse *fab* préconise néanmoins l'étude de diverses formes de spiritualité et la découverte, par le fait même, de nouvelles et profondes façons de communier avec soi et avec Dieu. En 1938, Mahatma Gandhi écrivait : « Aucune paix durable n'est possible sur Terre à moins d'apprendre à tolérer, voire à respecter, toute foi autre que la nôtre. Une étude respectueuse des paroles des différents précepteurs de l'humanité marque un pas vers un tel respect mutuel. »

Les Beatles en étaient conscients. Peut-être est-il temps de vous pencher sur différents textes sacrés ou même de visiter les temples, mosquées ou églises de votre région.

ÊTRE CHARITABLE

« Blackbird singing in the dead of night... »

(*Blackbird*, 1968)

Après leur expérience auprès du Maharishi en Inde, les Beatles sont revenus porteurs d'une nouvelle perspective sur les problèmes sociaux et politiques. Questionné sur la pauvreté de l'Inde, Paul répond : «L'idée du Maharishi serait de s'attaquer à la racine du problème. Voyez-vous, la seule distribution de nourriture aux gens mettra un terme à leur faim pour un jour ou une semaine. Or en Inde, la population s'avère si nombreuse qu'il faudrait tout l'argent américain pour régler le problème de la faim.» Il ajoute : «Il faut donc s'attaquer à la cause du problème et persuader tous les habitants de l'Inde de s'y mettre, car leur religion est très fataliste. Les gens se contentent de s'asseoir en pensant : *Dieu l'a voulu ainsi, tant pis ! Nous n'y pouvons rien.* Maharishi cherche à les persuader qu'ils *peuvent* faire quelque chose.»

Un des premiers projets de George après la dissolution des Beatles, un concert bénéfice géant pour les victimes affamées du Bangladesh, ouvrit la voie aux grands succès que furent «Band-Aid» et «Live-Aid» au Royaume-Uni comme aux États-Unis. «Pour organiser le concert pour le Bangladesh, dit George au sujet de l'effort requis, j'ai passé deux mois au téléphone jour et nuit pour amener par la ruse des gens à s'impliquer.» Il ajoute : «Aujourd'hui, cela fait tellement partie de la vie qu'il arrive souvent qu'on redonne quelque chose en charité.»

Lors d'une conférence de presse à New York, en 1964, on demanda aux Beatles : «Quelle partie de la ville visiteriez-vous si toute cette sécurité n'était pas nécessaire ?» La réponse immédiate des quatre fut : «Harlem !» Et pourquoi pas ? Ce fut la communauté afro-américaine qui créa une bonne part de la musique avec laquelle ils avaient grandi. Les

Beatles étaient effectivement «daltoniens» quant au talent sur ces disques du passé et, ultérieurement, aux artistes qui les accompagnaient en tournée. Ils mirent ainsi en évidence les artistes de Motown à l'époque de la ségrégation qui sévit aux États-Unis au début des années 60.

Berry Gordy, fondateur et président de Motown, dit plus tard du groupe: «Cela nous aida certes quand plusieurs de nos chansons furent enregistrées par les Beatles. Les rencontrant, j'ai découvert que, grands *fans* de Motown, ils en avaient étudié la musique et ont plus tard rejoint les rangs des plus grands compositeurs (de chansons) de l'histoire. Nous étions absolument ravis à l'époque.» Et dans les premiers contrats qu'ils signèrent avec des promoteurs américains, les *Fab Four* spécifiaient par écrit: «Les artistes ne sont pas tenus de jouer devant un auditoire où la ségrégation raciale est appliquée.»

Paul, lors d'une conférence de presse de 1966, aborde le sujet: «Nous sommes contre toute forme de ségrégation, car nous n'y sommes pas enclins; le racisme est une folie selon moi. Je trouve ça idiot d'isoler les Noirs, car nous sommes tous pareils. C'est stupide. Ça ne me dérange pas qu'ils s'assoient près de *moi*; je compte d'ailleurs plusieurs Noirs parmi mes meilleurs amis. En Angleterre, aucune ségrégation raciale n'est appliquée lors de concerts; sinon, nous refuserions d'y jouer.»

Choisissant ce thème pour sa belle ballade de 1968, *Blackbird*, Paul explique: «J'avais en tête une Noire plutôt qu'un oiseau (*bird*: argot britannique pour *jeune fille*). C'était l'époque du mouvement pour les droits civils, qui nous interpellait au plus haut point. C'était donc en réalité une chanson que je dédiais à une Noire vivant ces problèmes aux États-Unis. *Je t'encourage à poursuivre tes efforts, garde la foi, l'espoir existe encore.* Comme c'est souvent le cas, j'ai voilé mon message. Donc, au lieu d'être très spécifique en disant: *femme de race noire vivant à Little Rock,* j'ai parlé d'un oiseau symbolique. »

Ce respect des minorités fut aussi démontré à l'endroit d'un autre groupe ne recevant guère d'attention – pour ne pas dire aucune – au milieu des années 60. Paul écrit donc *Lady Madonna* en hommage aux mères célibataires en difficulté financière, luttant pour garder un emploi précaire tout en élevant un enfant. Et ce, une décennie avant que journalistes, sociologues et politiciens ne découvrent le triste sort des mères monoparentales.

Trente-cinq ans plus tard, le monde souffre encore de problèmes sociaux comme la bigoterie, l'élitisme social, voire l'esclavage et la prostitution juvénile. Le message des Beatles : aimez-vous les uns les autres. Tous ceux qui nous entourent sont plus importants que jamais. Quelles actions spécifiques pouvez-vous adopter dans votre vie personnelle pour transformer votre communauté en un environnement vivant davantage d'amour ? Il ne suffit pas nécessairement de rédiger des chèques pour des œuvres de charité. Pourquoi ne pas également donner une part de votre temps et de vous-même ? Et que dire de la société qui vous emploie ? Travaille-t-elle de façon efficace et substantielle pour aider la communauté, l'État, la nation et le monde ? La sagesse *fab* dit : soyez à la hauteur de la situation !

FAIRE L'AMOUR PAS LA GUERRE

« If you go carrying pictures of Chairman Mao... »

(*Revolution*, 1968)

À l'apogée de la guerre du Vietnam, il n'était pas nécessaire de chanter des chansons engagées pour être *fab*. Bob Dylan et Joan Baez le faisaient déjà à merveille. Les Beatles préféraient continuer à promouvoir la solution la plus intemporelle qu'ils connaissaient – et qui leur tenait le plus à cœur – en vue de remédier aux maux de notre monde : *l'amour.*

À l'occasion, ils abordaient l'incontournable thème de la guerre, comme en fait montre l'extrait suivant d'une conférence de presse de 1966 :

Question :

« Que pensez-vous des Américains qui fuient au Canada pour éviter leur service militaire ? »

Paul :

« Quiconque croit qu'il est mal de combattre ne devrait pas y être contraint, il me semble. »

John :

« Nous n'acceptons pas la guerre. Il n'y a *aucune* raison ou nécessité de tuer *qui que ce soit.* »

George :

« Telle est l'exacte signification du commandement *Tu ne tueras point* – non pas *amendement section A.* Il n'existe absolument aucune raison de tuer. Personne ne peut t'obliger à tuer qui que ce soit, si tu n'y crois pas. »

Les activités hors programme de John le firent également militer pour la paix de façon aussi influente qu'inflexible. Avec sa femme et partenaire, Yoko Ono, il parcourait le monde en organisant des « *bed-ins* pour la paix » et créant des campagnes de marketing dont la célèbre « War is Over If You Want It » (La guerre est finie si vous le désirez). Suicide commercial ? C'est ce que croyait la presse. Les efforts de John et Yoko furent dépeints à maintes reprises comme ceux de « clowns » ou d'« idiots ». Des films de *bed-ins* montrent l'humoriste Al Capp se répandant en injures contre nos deux militants : « Peu importe quelle race vous représentez, je n'en suis pas ! ». John s'en moquait : sa passion venait en priorité.

Lors d'une série d'interviews accordées à l'époque, John abordait sans détour les périls de la guerre : « Les gens montrent Nixon et les leaders nationaux du doigt en disant : *Il nous a apporté la paix* ou *Ils nous ont apporté la guerre*, quand *nous* sommes en réalité responsables de la situation mondiale. *Nous* sommes responsables de la guerre au Vietnam, comme de tous les autres conflits dont on n'entend pas vraiment parler. Et lorsque nous voudrons tous la paix, nous l'obtiendrons. »

Même si les médias de l'époque ont dépeint la campagne de John et Yoko comme une blague, plusieurs historiens la considèrent désormais comme un facteur qui incita l'administration Nixon à mettre fin à la guerre du Vietnam en 1972.

Peut-être auriez-vous du mal à vous imaginer dans la peau d'un militant ? Cette pensée évoque la notion de sacrifice, de sollicitude totale pour autrui et de réaction négative éventuelle de la part de dissidents. Or, il existe d'autres façons d'aider à transformer la société à l'aide d'idées suscitant votre intérêt. Quels problèmes vous enflamment vraiment ? Le mauvais traitement des enfants, le sectarisme, l'équité salariale des sexes, le réchauffement planétaire ? Contactez des regroupements de votre région qui s'impliquent vraiment dans ces domaines.

AIMER LA MÉDITATION

« Turn off your mind / Relax and float downstream... »

(*Tomorrow Never Knows*, 1966)

Les Beatles ont transformé de façon aussi profonde que radicale l'Occident en éveillant l'intérêt pour la technique spirituelle de la méditation. Bien avant Deepak Chopra – lui-même un élève de Maharishi – et les ateliers nouvel âge qui constellent dorénavant la moindre de nos villes, Maharishi Mahesh Yogi enseignait la méditation transcendantale.

Les *Fab Four* ont adopté cette pratique, remplaçant les drogues psychédéliques par la spiritualité.

Grâce à ce nouvel engouement pour la méditation, le groupe trouva la sérénité si nécessaire à la poursuite de leur démarche artistique, et ce, dans leur mental – ou plutôt en «débranchant» celui-ci. «Maharishi était très logique; je l'aimais beaucoup, disait Paul. Je crois que nous l'aimions tous, car grâce à une méditation fort simple – vingt minutes le matin et autant le soir, rien d'extravagant –, on pouvait rehausser notre qualité de vie et y trouver quelque *signification*.»

Les mots «Come on, come on! Come on is such a joy! Come on is make it easy» de la chanson *Everybody's Got Something to Hide Except for Me and My Monkey* de John reprennent mot pour mot l'enseignement de Maharishi. De même, *Across the Universe*, également de John, renferme le mantra *Jai Guru Deva Om*, qui fait référence au *guru*/maître de Maharishi, Guru Dev. Ce mantra signifie littéralement «Je remercie Guru Dev (ou le maître céleste).» Même si John se fâcha par la suite avec le *guru* et lui composa une chanson pleine de fiel appelée *Maharishi* – plus tard rebaptisée *Sexy Sadie* –, il se rétracta quelque peu, disant avec le temps qu'il avait été «trop dur» avec lui.

À vrai dire, Paul pratique encore tous les jours la méditation transcendantale. «Je médite pendant une demi-heure tous les matins et soirs; je ne m'en trouve que mieux. Je n'ai jamais été si détendu. Quand tu travailles trop et que c'est le bordel, tu deviens tout tendu à l'intérieur; tu aurais envie de briser quelque chose ou de frapper quelqu'un. Mais si tu médites un peu matin et soir, cela te détend complètement et tu trouves plus facilement des solutions à tes problèmes. Si tous méditaient, le bonheur régnerait davantage dans le monde.»

ET À LA FIN...

« The love you take is equal to the love you make... »

(*The End*, 1969)

Laisser un héritage d'amour, voilà un élément capital de l'art de vivre la voie des Beatles. Tout en poursuivant leur rêve, les quatre garçons de Liverpool offrirent au monde un immense trésor de joie. Alors même que vous pourchassez votre propre rêve et partagez vos talents, votre vie peut également laisser un héritage d'amour.

Concernant l'enregistrement de *All You Need Is Love* lors de sa première télédiffusion mondiale en 1967, Paul disait : « On nous avait informés que le monde entier allait voir l'enregistrement en direct. L'amour : tel était donc notre seul message pour toute la Terre. » Et George d'ajouter : « Nous ne chanterons que *All You Need Is Love*, car c'est une forme subtile de promotion du Divin. »

De fait, le seul mot *amour* se retrouve dans dix-sept titres des Beatles, en plus de servir de thème central à la plupart de leurs chansons. Le premier enregistrement des Beatles mis en vente s'appelle *Love Me Do*, et leur dernier – qui sortit sur *Anthology* – sera *Real Love*. « Je suis très heureux que la plupart des chansons des Beatles traitent d'amour, de paix et de compréhension, disait Paul. Un bon *esprit* les sous-tend toutes. »

John est également inflexible sur la question : « Je crois toujours que l'amour est ce dont nous avons tous besoin. »

Ringo ajoute pour sa part : « Le but était l'amour. L'excitation m'envahit encore quand je réalise que c'était là le but des fleurs placées dans les fusils. Quelle époque exaltante ! Et tout ça pour l'amour. »

George abonde dans le même sens quand, à l'apogée de son nouveau succès, en 1964, un reporter lui demande ce qui importe le plus dans sa vie. « L'amour », répondra-t-il.

Et Paul de nous éclairer sur la philosophie *fab* quant à ce sujet : « *Love Me Do* fut la chanson la plus philosophique des Beatles. (Il chante :) Love, love me do / You know I love you / I'll always be true. (Aime, aime-moi / Tu sais que je t'aime / je serai toujours vrai), chante Paul avant de résumer avec beauté et élégance : *C'est aussi simple que vrai.* »

VOUS ÊTES LE CINQUIÈME BEATLE ! – *L'ESPRIT*

Voici cinq façons de trouver en vous votre propre muse spirituelle :

- Où en êtes-vous dans votre foi ? La sagesse *fab* préconise plus qu'un intérêt superficiel pour la spiritualité. La prochaine fois que vous arrêterez à la bibliothèque, pourquoi ne pas lire quelques textes sacrés reliés à votre propre foi ou à celle d'autrui. D'ailleurs, être *fab* c'est ouvrir son cœur comme son esprit.

- Les Beatles déclaraient publiquement ce qu'ils pensaient de la pauvreté dont ils furent témoins lors de leur séjour en Inde, quand presque tout l'Occident n'en savait que très peu à ce sujet. Ils ont aussi joué pour des œuvres de charité, même à l'époque de la *Beatlemania*. Après une épuisante deuxième tournée des États-Unis en 1964, ils ont présenté un dernier spectacle pour la United Cerebral Palsy and Retarded Infants Services, et ce, sans demander un cent en retour. Que pensez-vous du terrible sort dont souffre une grande part de la population mondiale ? Seriez-vous prêt à travailler pour des causes visant le bien-être des indigents ? Pas besoin de visiter l'Inde pour voir la pauvreté. Les causes en quête de bénévoles ne manquent sûrement pas dans votre région. De quelle façon les aideriez-vous ?

- Comme les Beatles, auriez-vous le courage de révéler publiquement votre opinion sur des questions controversées à l'échelle régionale ou mondiale ? Trouvez des solutions aux problèmes mondiaux à l'instar des « *bed-ins* pour la paix » de John et Yoko. Regardez CNN pour constater le désespoir avec lequel doit composer une grande part de la population mondiale. Qu'est-ce qui vous émeut ? Allez faire un tour à pied en ville. Votre cœur se brise-t-il à la vue de chaque itinérant ? Vous connaissez peut-être des cas de violence conjugale ou infantile dans votre propre arrondissement. Prenez le temps de considérer ce que vous pourriez faire pour y remédier. Allez-y graduellement. La sagesse *fab* veut changer le monde – d'abord votre monde intérieur, puis votre entourage, votre communauté pour, en temps voulu, porter votre message au monde entier.

- Étudiez des méthodes telle la méditation transcendantale afin de trouver la paix intérieure. Il peut aussi s'avérer utile d'interrompre chaque jour vos activités pour méditer sur votre vie et vos rêves.

- Les Beatles y croyaient lorsqu'ils chantaient *All You Need Is Love*. En fait, la plupart de leurs chansons étaient axées sur le thème de l'amour. Assurez-vous de faire tourner chaque jour au moins une de leurs chansons gorgées d'amour – vous n'avez que l'embarras du choix ! Prenez alors le temps de songer à l'inconcevable pouvoir de l'amour et aux transformations qu'il peut opérer en vous, dans votre entourage immédiat, voire dans le monde entier. Nous avons pour ce faire de grands modèles à concurrencer : les Beatles. Efforçons-nous tous de transformer leur héritage d'amour en une réalité perpétuelle – en marchant sur les traces des Beatles.

CONCLUSION

Si les Beatles avaient un message, c'était d'apprendre à nager. Point final ! Et lorsque vous en aurez maîtrisé l'art – nagez.

John Lennon

*N*ous avons ouvert ce livre par une citation de Paul McCartney : « Le mode de vie des Beatles, c'était comme un gamin qui entrait dans le grand monde avec ses amis pour le conquérir intégralement. » Il convient maintenant de conclure sur l'important message de John cité plus haut.

Les sept principes de l'art de vivre la voie des Beatles démontre clairement comment ces quatre adolescents de « Liddypool » furent à même de conquérir le monde – non par la violence ou la guerre, mais au nom de l'amour, le plus rare des exploits.

Ces principes *fab* se perpétuèrent dans les quatre carrières solos de John, Paul, George et Ringo ; en vérité, ils aiguillonnent encore les deux Beatles survivants vers des sommets d'art, de bonheur et de réussite toujours plus inaccessibles et enivrants.

Jusqu'à son décès à l'âge de quarante ans, John nous a transmis un héritage fascinant à travers sa carrière solo. Lui et sa compagne, Yoko, offrirent au monde quelques-unes des meilleures musiques d'avant-garde jamais enregistrées. Et John fit vibrer la Terre entière grâce à des succès dont *Whatever Gets You through the Night*. Ses hymnes inspirés : *Imagine, Give Peace a Chance* et *War is Over (If You Want It)* sont toujours source d'espoir pour des millions d'habitants de la planète.

Qui plus est, le dernier album de John, *Double Fantasy*, sorti quelques semaines à peine avant sa mort, tout en demeurant un sublime testament à la vie familiale et domestique, met encore en vedette le grand amour de sa vie : *le rock and roll*.

Paul McCartney, pour sa part, nous a donné, grâce à son super-groupe Wings *Silly Love Songs*, plusieurs tournées mondiales à guichets fermés et une série de succès sur disque qui le hissèrent au sommet des palmarès des années 70 et 80. L'accueil réservé à sa trame sonore du film *The Family Way* en 1966 laissait anticiper ses œuvres classiques plus récentes : *Liverpool Oratorio, Standing Stone* et *A Garland for Linda*, qui lui gagnèrent le respect de ses pairs ainsi qu'un tout nouvel auditoire. Il est également à l'avant-garde de la musique d'ambiance nouvel âge avec *Fireman* et *Liverpool Sound Collage*.

Son flair d'éditeur musical lui fait gagner un million par semaine. Sa société MPL Communications s'avère le plus grand éditeur musical indépendant au monde. Son amour pour Linda Eastman s'est épanoui pendant trente ans jusqu'au décès de celle-ci en 1998. Paul a poursuivi ses élans de philanthrope *fab* en aidant à recueillir les fonds requis pour remettre à neuf le lycée où il fit ses études – le Liverpool Institute –, qui abrite désormais le Liverpool Institute of Performing Arts. Et le militantisme que Paul manifesta publiquement au début des années 70 avec sa chanson controversée – et banni des ondes – *Give Ireland Back to the Irish*, se perpétue dans la défense des droits des animaux et des myriades de causes sociales dont il est le fervent champion.

Et que dire de George Harrison qui nous a donné *My Sweet Lord* et de nombreux succès sur disque ainsi que plusieurs années de tournées à guichets fermés. George a également organisé le révolutionnaire concert-bénéfice pour le Bangladesh, révélant par le fait même à l'industrie du spectacle l'art de recueillir des milliards pour des causes mondiales. Réalisateur de films à succès, il a aussi produit des quantité des disques de la musique qu'il aime, dont ceux de Ravi Shankar.

Et n'oublions pas l'ex-Beatle qui a écrit et chanté *It Don't Come Easy*, entre autres succès autant sur disques qu'au cinéma. Aujourd'hui, Ringo Starr divertit des dizaines de milliers de *fans* avec ses populaires tournées « All-Starr Band », nous rappelant sans cesse que l'amour est vraiment tout ce dont nous avons besoin grâce au fameux « signe de paix » qu'il arbore toujours.

Vivre la voie des Beatles revient à penser à l'infini. Mais aussi rêver et vivre ses rêves. Cela revient à créer un monde meilleur où chacun peut librement s'exprimer à travers son propre et unique génie créatif. Chemin faisant, nous pouvons transmettre le pouvoir de l'amour à tous les cœurs qui battent de par le monde – maintenant et pour des générations à venir.

BIBLIOGRAPHIE

Livres et magazines

AXLEROD, Mitchell. *Beatletoons: The Real Story behind the Cartoon Beatles*. New York: Wynn Publishing, 1999.

BADMAN, Keith. *The Beatles off the Record: Outrageous Opinions and Unrehearsed Interviews*. Londres: Omnibus Press, 2000.

BENNAHUM, David. *The Beatles after the Breakup*. Londres: Omnibus Press, 1991.

BROWN, Peter, et Steven GAINES. *The Love You Make: An Insider's Story of the Beatles*. New York: McGraw-Hill, 1983.

CARR, Roy. *Beatles at the Movies*. New York: Harper Perennial, 1996.

CLEAVE, Maureen. « How Does a Beatle Live? John Lennon Lives Like This », *London Evening Standard*, 4 mars 1966.

DAVIS, Hunter. *The Beatles*. New York: McGraw-Hill, 1985.

DEAN, Johnny, ed. *The Beatles Monthly Book*. Londres: Parker Mead for Beat Publications, juin 2000, p. 45.

DOGGETT, Peter. *The Beatles: The Summer of 1968*. Lancashire, Angleterre: TrackBooks, 1995.

EPSTEIN, Brian. *A Cellarful of Noise*. New York: Doubleday, 1964.

FERGUSON, Alasdair, & Alf BICKNELL. *Ticket to Ride*. Londres: Glitter Books, 1999.

FIELDS, Danny. *Linda McCartney: A Portrait*. Los Angeles: Renaissance Books, 2000.

FULPEN, H.V. *The Beatles: An Illustrated Diary*. New York igree Books, 1982.

GAMBACCINI, Paul. « The Rolling Stone Interview: Paul McCartney », *Rolling Stone*, 31 janvier 1974, p. 32-34, 38-46.

GOODMAN, Joan. « Playboy Interview: Paul and Linda McCartney – Candid Conversation », *Playboy*, décembre 1984, p. 75-110.

GREENWALD, Ted. *The Long and Winding Road: An Ultimate Guide to the Beatles*. New York: Friedman/Fairfax Publishers, 1995.

HARRISON, George. *I Me Mine*. San Francisco: Chronicle Books, 2002.

HERTSGAARD, Mark. *A Day in the Life: The Music and Artistry of the Beatles*, New York: Delacorte Press, 1995.

LENNON, John. *In His Own Write*. New York: Buccaneer Books, 1964.

LEWINSOHN, Lewis. *The Beatles Recording Sessions*. New York: Harmony Books, Crowne Books, 1988. *The Complete Beatles Chronicle*. New York: Octopus Publishing Group Ltd., Pyramid Books,1992.

MACDONALD, Ian. *Revolution in the Head: The Beatles' Records and the Sixties*. New York: Henry Holt, 1994.

MARTIN, George, & William PEARSON. *With a Little Help from My Friends: The Making of Sgt. Pepper*. Boston: Little, Brown, 1994.

McCARTNEY, Mike. *The Macs: Mike McCartney's Family Album*. New York: Putnam Books, Delilah Books, 1981.

MERYMAN, Richard. «Paul McCartney on the Beatle Breakup», *Life*, 16 avril 1971, p. 52-58.

MILES, Barry. *The Beatles: A Diary*. New York: Omnibus Press, 1998. *Paul McCartney: Many Years from Now*. New York: Henry Holt, 1997.

NORMAN, Philipp. *Shout: The Beatles in Their Generation*. New York: Simon & Schuster, Fireside Books, 1981.

PEMBERTON, Andy. «The Beatles: Band of the Century», *Q*, Londres, décembre 1999.

RAYL, A.J.S., & Curt GUNTHER. *Beatles '64: A Hard Day's Night in America*. New York: Doubleday, 1989.

SANDISON, David. *The Beatles: 1969-1970*. Londres: UFO Music Ltd., 1996.

SHEFF, David. «Playboy Interview: John Lennon and Yoko Ono – Candid Conversation», *Playboy*, janvier 1981, p. 75-114, 144.

SHEPHERD, Jean. «Playboy Interview: The Beatles – Candid Conversation», *Playboy*, février 1965, p. 51-60.

SOLT, Andrew, & Sam EGAN. *Imagine: John Lennon*. New York: Macmillan, Sarah Lazin Books, 1988.

SPENCER, Terence. *It Was Thirty Years Ago Today*. Londres: Bloomsbury Publ., 1995.

SPIZER, Bruce, & Alan W. LIVINGSTON. *The Beatles' Story on Capitol Records*. New Orleans, La: 498 Production, L.L.C., 2000.

TAYLOR, Derek. *As Time Goes By*. Londres : Davis-Poynter, 1973. *It Was Twenty Years Ago Today*. New York : Simon & Schuster, Fireside Books, 1987.

TURNER, Steve. *A Hard Day's Write : The Story behind Every Beatles Song*. New York : HarperCollins, 1999.

WENNER, Jann. *Lennon Remembers*. New York : Popular Library, 1971. « The Rolling Stone Interview : John Lennon », *Rolling Stone*, 21 janvier 1971, pp. 32-35, 37-42 ; 4 février 1971, pp. 36-43.

Interviews sur CD

Beatles Tapes II. Jerden, 1995.

The Beatles : Quote Unquote. MagMid (TKO Magnum Music), 1995.

GIULIANO, Geoffrey, & Glenn A. BAKER. *The Beatles Inside Interviews*. Delta Music, 1995.

GREISMAN, Michael. *The Beatles : West Coast Invasion*. Cicadelic Records, 1993.

GREISMAN, Michael. *Not a Second Time*. TKO Music Ltd., 2000.

KANE, Larry. *The Fab Four on Tour*. The Wall, 1996.

The Legends Collection : The John Lennon Collection. Dressed to Kill, 2000.

STECK, Jim, & Dave HULL. *Hear the Beatles Tell All*. Charly Holdings, 1994.

Vidéos et émissions

Alf Bicknell's Personal Beatles Diary. Jack Edwards Productions (Simitar Entertainment),1996.

The Beatles : Anthology. Apple Corps Ltd., Londres, 1996.

The Beatles: The First U.S. Visit. Apple Corps Ltd., Londres, 1990.

The Beatles: The Legend Continues. Simitar Entertainment, 1991.

The Beatles Story: Days of Beatlemania. White Star (Kultur), 1991.

The Beatles Unauthorized. MerseySound & GoodTimes Video Productions, 1996.

The Compleat Beatles. Delilah Films (MGM/UA Home Video Inc.), 1988.

The Magical Mystery Trip. Vex Films, ArtRock & Philip Cushway, 1992.

The Making of « A Hard Day's Night ». MPI Home Video, 1995.

The Making of Sgt. Pepper. A Really Useful Group, 1992.

So Far Out It's Straight Down (interview avec Paul McCartney), BBC, 7 mars 1967 (transcription: *http:// www.geocities.com/~beatleboy1/dbpm.67.html*).

Sites Internet

Tout sur la « pochette de bouchers » des Beatles: *http:// www.eskimo.com/~bpentium/butcher.html*

Beathoven.com: *http://www.beathoven.com*

Liens Beatles.net: Votre guide ressources Beatles sur Internet: *http://www.beatlelinks.net/links*

Les Beatles sur le Web: *http://www.harddaysnight.org*

Beatles Beatles Beatles (Pepperland): *http://www.members. tripod.com/~taz4158/pepper.html*

Les Chroniques des Beatles sur vinyle: *http://www.geoci-ties.com/SunsetStrip/Auditorium/1170/Contents.html*

Le Concert perdu des Beatles : *http ://www.beatles-the-lostgig.com*

Argent Beatles : *http ://www.fortunecity.com/tinpan/manicstreet/526*

Nouvelles Beatles : *http ://www.geocities.com/abbeyrdwebmaster*

Articles reliés aux Beatles : *http ://www.geocities.com/Capitol-Hill/Lobby/7049/index.html#beatles*

L'Ultime expérience Beatles : *http ://www.geocities.com/~beatleboy1*

L'Ultime ressource Beatles : *http ://www.fortunecity.com/tinpan/ash/618/main2.htm*

Zone Beatles : *http ://www.beatlezone.com/bz.news.html*

Journaliste sur la liste noire : « Le retour triomphal des Beatles à Liverpool » : *http ://www.bigmagic.com/pages/blackj*

Album Internet des Beatles : *http ://www.getback.org/bmain.html*

David Leaf : « Interview de Paul McCartney sur *Pet Sounds* » (1990) : *http ://www.brianwilson.com*

David Leaf : « Les Beach Boys : *Pet Sounds* » (1994) : *http ://www.brianwilson.com*

Meet the Beatles : *http ://www.members.tripod.com/~holysm0ke/index.html*

Le site Web du service de nouvelles Beatles de Londres : *http ://www.beatlesnews.com*

TABLE DES MATIÈRES